中华体育故事

刘秉果 著

上海古籍出版社

图书在版编目(CIP)数据

中华体育故事/刘秉果著. —上海:上海古籍出
版社,2012.11
ISBN 978 - 7 - 5325 - 6652 - 5

Ⅰ. ①中… Ⅱ. ①刘… Ⅲ. ①体育运动史—中国—通
俗读物 Ⅳ. ①G812.9 - 49

中国版本图书馆 CIP 数据核字(2012)第 228284 号

中华体育故事

刘秉果 著

上海世纪出版股份有限公司
上海古籍出版社 出版
(上海瑞金二路 272 号 邮政编码 200020)
(1)网 址:www. guji. com. cn
(2)E - mail:gujil@ guji. com. cn
(3)易文网网址:www. ewen. cc
发行经销 上海世纪出版股份有限公司发行中心
印 刷 上海颛辉印刷有限公司
开 本 889×1194 1/16
印 张 12 插页2 字数 140,000
版 次 2012 年 11 月第 1 版
2012 年 11 月第 1 次印刷
印 数 1—1,300
ISBN 978 - 7 - 5325 - 6652 - 5/I·2615
定 价 28.00 元

前　言

　　体育是社会文化的一个部分，受社会政治、经济、文化影响而发展变化着。体育的发展方向和发展水平同时也能从一个角度反映出一个时代政治、经济、文化的面貌。体育发展中的一些小故事，可以从一个侧面反映当时体育的发展方向和水平。古代希腊奥林匹克运动会就留下了许多体育故事，其中既反映了当时运动会竞赛的激烈、技术水平的高超，也反映了希腊政治、经济、文化的面貌。所以，体育故事可作为一种通俗性的读物，以反映体育历史和社会文化。

　　古代希腊最崇拜的天神是宙斯。然而，天神宙斯的神位是与其父亲克洛诺斯比武获得胜利后而得来的。天神之子珀罗普斯与埃利斯国王比赛战车，在战胜了埃利斯国王之后才得以娶王国的公主为妻，并继承了王位，创始了奥林匹克竞技赛会。斯巴达国王阿格希洛斯二世的妹妹茜妮丝卡公主夺得了第95届古代奥运会的双轮马车冠军，成为古希腊第一位获得冠军荣誉的女子，众人为她塑造雕像并立碑纪念。大力士米罗曾经获得古希腊奥林匹克竞技赛会七次摔跤冠军，被人称为摔跤场上的英雄，艺术家为他塑造了雄壮有力的雕像留作永久的纪念。公元前564年，在第54届奥林匹克竞技赛会上，混斗选手阿希支翁已是两届奥林匹克竞技赛会的冠军。这次又得以参加决赛。经过艰苦的对峙之后他被对手用"锁喉法"卡住了咽喉，呼吸困难。但是，他不愿轻易地认输，用出最后的力气折断了对方的脚趾，迫使对方举起了手指认输。他因而获得了这次比赛的冠军。橄榄枝的桂冠最后是戴在阿希支翁尸体的头上。古代希腊这许多体育故事的流传，使我们明白希腊半岛自古以来就是激烈竞争之地。天神和国王的位置也并非轻易可得，即便是父子、翁婿关系，也要通过竞技比赛才能得到。奥林匹克竞技赛会是希腊政治，经济的产物，受到众人的尊敬和爱戴。奥林匹克赛场的英雄有大力士，也有美女，更有为维护荣誉而捐躯的勇士。从这些传奇人物的身上，我们能看到古代希腊奥林匹克赛场上激烈的竞争，选手们为了荣誉不惜牺牲自己的生命进行拼搏。

中华民族有着五千年的文明史，文化灿烂，博大精深，其中就包括了体育运动的历史。可以说古希腊奥林匹克的竞赛项目在中国古代都曾经得到过开展，而且都有一个繁荣昌盛时期，同时也都曾发生过一些动人的故事。例如，春秋时期越国的剑术教师是一位处女，晋国角力的好手是一个平民。汉代的球迷可以为踢球而死，出塞远征的将军也忘不了比赛踢球；击剑比赛已经运用了心理学，杂技演员创造了高难度的戏车表演。唐代的皇帝竟然会死于马球运动员的手里，叛国将领却是在马球场上被人处决；4个贵族组成的马球队在球场上战胜了强大的对手，翰林院围棋待诏以33手高招赢了日本国的王子。宋代有人以踢球技艺走宰相的后门，还有人以踢一脚好球当上了领军的太尉；聪明的杂技女子创造了荡秋千跳水绝技。元代骑马、射箭、摔跤是蒙古族"男子三项竞技"，而海都王的公主却是以摔跤来选择夫婿。这些故事不仅反映了古代体育发展的面貌，而且也表现了当时社会的时代精神：春秋末期有了平民阶层的崛起、奴隶的解放，才有了越女、牛谈这样武艺出众的人才；汉代社会儒法杂治，开拓进取，既有敢于创新的将军和艺人，又有能文善谋的词赋家；唐代是封建社会的开放时期，各族人民大团结、大聚会，外国的友好使者齐集于长安城，才会产生带外交性质的体育竞赛；宋代城市商业发展，有了民间表演技艺者，也有了体育专业运动员和业余足球爱好者，在皇帝的喜好下得到高升；元代以弓马征服欧亚大陆，每个男子都熟稔"三项竞技"，因此，才有了女子以摔跤择婿的佳话。这些体育故事虽都从一个侧面反映了中国古代社会文化以及体育发展的水平，但由于中国古代文献记载的过于简略，很少能在社会上广泛流传。

20世纪80年代，各体育院、系相继开设了体育史课程；1983年，国家体委体育文史委员会创刊了《体育文史》杂志，是一个既担负体育史研究又负责普及体育史知识的刊物。编辑石友权同志倡议编写体育历史故事，认为以体育故事的形式传播古代体育史知识比写一般性介绍文章还有效。中国古代记载体育的文献虽然很多，然而被人们了解最多的古代体育项目却是相扑和蹴鞠。因为这两项运动《水浒传》曾写入过。高俅与宋徽宗的蹴鞠，燕青与任原的相扑，反映了当时社会上开展相扑与蹴鞠的面貌，使人印象深刻，记忆久远。然而，《水浒传》的作者受当时社会的影响，把高俅描写成为权奸之首，则有失公允。我为此专门考证历史，搜集资料，写了一篇《一脚太尉》故事，还高俅以本来的历史面目。

《体育文史》第一期就刊登了我的一篇体育历史故事《少室周让贤》，虽然是起到了一点宣传的效果，但我个人却是甚感吃力。因为，要写好一篇通俗性的历史故事，比写好一篇有份量的学术论文还要困难。这不仅是因为中国古代的文明史时间太长，同是一个体育项目在不同的朝代性质不同，名称不同，游戏的方法也不相同，而且每一个朝代，或者是一个地区，在文化风俗，生活习惯，以及服饰礼仪方面，都有很大的差异。作为反映一个朝代的历史故事，既要反映体育活动的真实，也要反映社会生活的真实，而且在一定程度上还要刻画人物，充实故事情节，这就需要具有较为深厚的史学和文学的功底。我感到难以胜任，因此，在断断续续写过几篇之后，便搁笔了。1989年，张纯本同志继任《体育文史》编辑，又提出了续写体育历史故事的想法。我这时已经退休，有较多的时间可以对一个故事的各方面背景翻阅参考资料，于是，便又提起笔来续写了几篇。其中有几篇是在写好之后，因《体育文史》改版为《体育文化导刊》，刊物的性质改变了，体育故事便没有刊登。现在我把它们都收集起来，编成了集子，只不过是为了填补古代体育史通俗读物的一个缺口而已。

本书所收的15篇故事中有两篇是先秦时期的，1篇是元代的，其余12篇是汉、唐、宋等朝代的。体育历史故事最重要的是要把握住历史的社会背景。

《越女授剑》、《少室周让贤》的主角都是平民，他们之所以能登上历史舞台，不仅是因为适逢平民崛起、奴隶解放，还由于越王勾践要报仇雪恨，发愤练兵。赵简子正处于智伯与韩、赵、魏三家矛盾斗争最尖锐的时刻，都需要招揽精英人才。

越女没有直接去做越军的剑术教练，而是去教练青年一代了。这是因为我是个足球迷，上个世纪八九十年代，中国足球虽然已经奋起，但是水平仍然不高，没有能够冲出亚洲，有一个老教练深感当时足球运动员的基础动作不够扎实，自告奋勇去当青少年球队的教练员，从娃娃抓起，认为十年之后可见成效。当时有感于此随手便发挥在越女授剑的故事里。弹指一挥间，二十几年已经过去了，中国的足球仍然没有进步，反而倒退到亚洲的二流水平，真是世事难料啊。

　　汉代是中国封建社会的奠基时代，汉画像石中的体育人物图像个个都是健壮有力，勇猛威武。从中可以看到汉代体育发展的面貌。霍去病在塞外蹴鞠，曹孟德是射猎好手，曹丕与邓展比试击剑，这些人都是高层阶级人物，都是有史料记载的。然而，历史是人民创造的，汉代丰富的体育业绩也应该有平民的一份功劳。我想尽一切办法搜集一些资料，写出了《最后一场鞠赛》、《塞外之战》、《戏车卫家》三篇故事，突出了人民在体育发展方面的参与和创造性、。

　　唐代社会经济发达，对外开放，竞技体育得到了广泛开展，尤其是马球竞赛盛极一时。那时，上至皇帝，下至贩夫走卒，都喜爱走马击球，因此，社会上马球故事就特别多。唐玄宗与吐蕃马球队的比赛，王傅被杀死在马球场上，都是有史料记载的。唯有苏佐明杀死唐敬宗的事在史籍上只有一句话："（刘）克明与（苏）佐明、（石）定宽，弑帝于更衣室。"这是因为中国古代文人都奉行"为尊者讳"的行为准则，许多不利于皇帝的事都隐瞒下来了。罗马帝国的角斗士起义曾经轰动欧洲，震惊世界，至今还有小说、电影问世；中国的马球运动员杀死了至高无上的皇帝，这种惊人的举动却很少有人知道。我因此搜集了史料，又核对史实，写出了《马球将苏佐明》的故事。

　　宋代自建国以来从未统一过寰宇，然而皇帝和贵族却没有忘记寻欢作乐。相扑和蹴鞠都是他们喜爱的娱乐活动，且产生了半职业性踢球的求官者，有了宰相的"后门"和"一脚太尉"。宋代城市商业的发展，有了市民娱乐的瓦子勾栏，也有了体育表演艺人。这是世界上最早的体育商业演出。体育表演艺人为了生存发展要不断地创新演出，因此，宋代的体育技巧就有不少新的创造。这是我写作《双燕图》的动机。

　　元代以强弓劲马征服欧亚大陆，忽必烈大汗曾在和林举行过国际摔跤比赛。骠悍的勇士"只识弯弓射大雕",赛场的英雄也是"四肢发达,头脑简单"。体育健儿需要有文化修养,海都王的公主艾吉阿姆最后是嫁给了儒林郎——人身需要全面发展,文武要并重。

这几篇体育故事,我的外孙谢飞都熟读过,并给我提出了不少修改的建议。因为都是旧作,反映了当时的心志,已经成篇,不便多做修改。他在仔细研究我两篇汉代蹴鞠故事的基础上整合成一篇故事《蹴鞠小子》,拿给我看。虽然在细节的描写上有些粗糙,但是,却能够表现出汉代崇武尚勇的社会风气,也能说明汉代创造蹴鞠的主旨,更能反映青年英雄霍去病成长的道路。我把它附于这个集子的后面,请读者评说。

刘秉果

2012年3月于江苏师范大学寓所

目　录

越 女 授 剑

　　勾践拖着疲惫不堪的身子回到了他在会稽山下的草寮中。低矮的门楣上悬着一个苦胆，这是昨天山民献来的新鲜羊胆。

　　自从檇李之战败北之后，勾践卧薪尝胆，决心报仇雪恨。他每天舔舐着苦胆汁水，滴滴入心。门柱上用刀笔刻下的痕迹使人触目惊心，这也是他每天必修的课程，每在门柱上刻上一刀，便是记下他从吴国给吴王当三年奴隶返回后的日子，今天正是六年三个月零一天。漫长的岁月，内心的痛苦，遥远的期望，何时才能到头呢？当吴国的太宰传达吴王恩旨、释放他返回越匡时，他拔出身上的佩剑砍断了居住三年石室门前的拴马桩！这是他忍气吞声、屈辱含恨的地方，不报此仇，枉为男子。他在心中暗暗发下誓言：三年五年，至迟十年，一定要率领越国的兵甲打败吴军，昂首挺胸，重返姑苏城，让吴王在这石室门前替他喂马、赶车。前天大夫文种前来禀报：他率领三千甲士去征伐姑蔑叛民，虽然取得了胜利，但是甲士却死伤了二百多人。姑蔑山民虽然没有精利兵器，但是他们埋伏在山石丛林之中，突然跳跃出来袭击越军，逼近作战，使戈戟长兵施展不于。而越军却不善近战，剑术本领不精，敌不过山民的袭击，以此屡屡吃亏。连姑蔑山民尚且难胜，又如何能战胜称霸中原的强大吴军呢？当年，越国确定生聚训练大计之时，大夫文种就曾夸下海口：有五年时间，他就可以训练出一支战无不胜的精兵，并为此花费了重金到齐国聘请剑术专家来当军中的剑术教师。然而现在的成绩却并不显著，军队的战斗力依然不够强大。这亡国之耻何时才能雪恨呢？

踏进草寮，勾践夫人早已跪在席上迎接。勾践脱履上席，夫人急忙捧上晚餐。勾践心事重重，只吃了几口便放下碗不吃了。几天来见勾践寝食不安，日渐消瘦，夫人再也忍耐不住了，便匍匐在席上小声劝说道："大王的国事，臣妾本不应该多嘴。只是大王近日来忧虑成疾，饮食减退，臣妾才不得不斗胆进言。军旅训练之事虽是大夫文种的职责，但是，大夫范蠡见多识广，足智多谋，和我们共患难于姑苏三年，排忧解难。大王有军事疑难之事，为何不垂询于他呢？"勾践何尝不知道范蠡思虑深远，能解决国家的疑难大事。只是军政分责，文种管军事，范蠡管政务，大夫之间的职权不可逾越。而且范蠡的权柄也不可以赋予太多，免得造成大夫专权、尾大不掉的局面。也正因此才犹豫不决。

勾践夫人的建议终于打动了越王的心。他决定，由范蠡再聘请一位有能力的剑术教师来教练甲士。

南林是山阴境内的一个小山村。范蠡在乡官的带领下走了大半天山路，才在一座小茅屋中找到了越女。原来大名鼎鼎的剑术高手竟是个面目清秀、娇小玲珑的小姑娘。见面之后，越女敛容整妆端端正正地向范蠡行了大礼。范蠡连忙起身谦让："本官是奉大王之命有求于姑娘，怎能反受姑娘的大礼！"

越女道："全越国人民谁不敬仰大夫的为人？大夫跟随大王栖身于吴国三年，不失臣礼，不受吴王收买。大夫忠心为国的品质是全越国人民的榜样。"

范蠡拱手答道："檇李之战我们被打败了，全越国人民都蒙受了耻辱。这是我们当大夫应负的责任。全国人民都过着苦难的日子，我们受的那点儿苦是微不足道的。现在全国人民要上下一心，协助大王早日兴国复仇。"

越女道："大王返国之后卧薪尝胆，大臣也都是辛苦勤劳克尽职守。听说大夫为了扰乱吴国的政事，牺牲了自己的爱情，把心爱的姑娘苎萝村的西施、郑旦都奉献给吴王了！"

范蠡黯然神伤："只要能为国报仇雪恨，个人这点牺牲又算得了什么！然而破坏了敌人，削弱了敌国，只能是一个方面，我们自己的国家不富、军队不强，终究是难以兴国报仇的。"

越女道："自从大王返国之后，实行奖励生产，廉政养民政策，这几年丰产丰收，可以说是民家富足，府库充实。只是强兵的措施还跟不上，主要是没有根据越国的具体条件制定练兵计划，强弓劲弩，长矛大戟，适合于广阔的平原作战，身高力大者占有优势；越国人民身材矮小灵活，又是居住在山高水多的地区，山地舟船之战都是逼近搏击，使用短剑才能发挥作用。先父在世时就有见于此，教导小女子说，将来越军报仇复国必须依靠剑术精良。因此，臣妾在八年前便专心习练剑术，现在略有心得，愿以此奉献给越军甲士，聊尽山野小民的一份心意。"

范蠡大喜，离座叩谢道："想不到先大人有如此卓识远见，尊驾有这样爱国热忱。本官此来，正是奉大王之命，来请尊驾就任甲士剑术教练。"范蠡略停片刻，稍有犹豫。"只是不知尊驾如何教练才能使甲士的剑术迅速提高？"

越女微笑道："剑术之道，在于练不在于说。大夫尚未见小女子的剑技，很难评论剑术方法之优劣，现在就让小女子略施展几招，请大夫指教。"

范蠡连忙叩谢道："本官正有此意。"于是二人起身，走出茅屋。越女随手折了一根三尺长的竹枝，并在竹梢上绑了一个小的白粉袋，纵身于几棵大树之间。只见她飞身而起，前冲后击，左挡右刺，待到停身在范蠡身边时，云鬓不乱，面容平静，几棵大树干上都染上了十数处白粉痕迹。范蠡禁不住大声喝彩道："我明白了。兵法主张快速决战，这剑术的要点也就是一个快字。静如处女，动如脱兔；追形逐影，仿佛电光；防守不及，退避无路。如果越军甲士都能够有此绝技，一定可以一人当百，百人敌万，何愁不能打败吴军呢？"

正在越女前往会稽的路上，忽见一位老者站在她的面前，须发皆白，面目清瘦，拱手说道："姑娘莫非是南林越女？此去是为了教练越军甲士的剑术吧？不知姑娘将以何法教练越军的甲士。"

越女忙整装敛衽回答："剑术重在灵活多变，当以快速为主。"

老者笑道："个人演练，随心所欲，快慢自能得心应手；战阵之中两人敌对，变化无穷，必须懂得阴阳之道方能应付自如。"老者随手从竹林中折断两根竹枝，一根交与越女，一根自拿在手，演练了几招攻防的动作。越女恍然大悟，双膝下跪道："多谢师傅指点。敢问师傅尊姓大名？以图后报！"

老者抚须大笑道："你是为越国复兴竭尽全力，我一个越国的子民还不应该出一份爱国的力量吗？去吧！好好地为大王出谋划策，使越国早日得到复兴。"

越女再拜而起，眼望着老者飘然而去。

越王勾践听说范蠡请来的剑术教师竟然是一个娇小的女子，心里便有几分不快。兵凶战危，雄壮男子尚且心有所惧，怎么能够让一个柔弱的女子来当越军甲士的教师呢？因此，当范蠡带领越女前来晋见之时，便未像迎接国士的礼仪那样走出草寮，只是端坐在草席上受越女的朝拜。待到越女朝见礼毕，跪在坐席对面再仔细端详时，这不仅是个女子，而且还是个眉清目秀、身材娇小的年轻女子，不由得心中涌上了十二分的不满。

越女朝拜之后，且不谈论教练剑术之事，却解下了身上的佩剑双手奉献给勾践说道："大王励精图治，要强兵富国，报仇雪恨，俗话说：'工欲善其事，必先利其器'。甲士必须有锋利的兵器才能够发挥出击技本领，提高军队战斗力。小女子觅得一柄好剑，愿大王以此剑为式样，命工匠造出一批好剑来。这是强兵的基础。"

勾践握柄抽剑，只见一道星光闪亮，寒气逼人。连声称赞："好剑，好剑！寡人一定命令欧冶子照此式样造出一批利剑来。"

越女笑道："只怕欧冶子一时造不出这样的剑来。"

勾践道："欧冶子是越国有名的铸剑师，他冶炼过湛卢、磐郢宝剑，都是价值数千金的珍品，怎么就造不出这样的剑来呢？"

越女道："此剑乃是吴国的干将、莫邪夫妇所造。干将采五山之铁精，六合之金英，鼓铸冶炼，三月不成。莫邪说：此乃阳气太盛，火力不足的缘故。于是剪断自己的头发、指甲，投入炉中，使童女童男三百人鼓橐装炭，金铁乃濡，铸成了两支宝剑，阳曰干将，阴曰莫邪。此乃阴阳合成之剑，欧冶子只一个人怎么能铸成呢？但凡天地之间，阴阳是相生相克的。无阴不生，无阳不长。剑器是如此，军队的训练也是这样。"

越王勾践听了哈哈大笑："干将、莫邪夫妇铸剑，剑有雌雄，寡人昔曾闻之；军队训练中也有阴阳，寡人还是第一次听说。"这时，勾践对越女的轻视不满情绪已经消去了几分。

越女道："大王怎么没听说过吴王阖闾建军兴国的故事呢？吴王阖闾还是吴国公子的时候，便已得孙武为军师，但是，他的手下没有甲士供孙武训练，于是命令宫女一百八十人为兵士，分作两队，以宠姬二人为队长，令孙武统领训练。孙武对这支女兵勒以军令，约以纪律，旗鼓整肃，兵戈森然，命令进退无不合于兵法。阖闾由此知道孙武是个将才，专心任用来训练吴国的甲士。吴军因此得以强大。今全越妇女年轻力壮者不下十余万人，无不以雪耻报国为大志，大王为何轻视妇女在军队建设中的作用呢？"

听了越女这番言论，勾践肃然端坐，不满的情绪一扫而光。忙致歉道："寡人识浅，未能见此，有慢于君子，希君子原谅。越国虽褊小，尚有十万甲士可供驱使。只是剑术未精，战斗力不强，不知君子以何方教之？"

越女道："两军接战，全凭胆气，艺高胆大，军气旺盛，故攻则必克，战则必胜。夫强弓劲弩，适合于射远杀强；长矛大戟，需要身高力大；而越人灵巧，最善于逼近搏斗，一剑在手，十步之内敌人不能存在，所以剑术精良是越国甲士的军胆。剑有雌雄，军有男女，剑术之道亦是离不开阴阳二字。动为阳，静为阴；攻为阳，守为阴；开为阳，闭为阴；进为阳，退为阴；上手为阳，下手为阴；前面为阳，背面为阴。有阳无阴则难以持久，有阴无阳则缺乏主动，所以阴阳调合则刚柔相济，故剑术之道在巧不在力也。甲士必须明白这样的道理才能练好剑术。小女子练剑之始与虎豹斗，三年之后与猿猱斗，五年之后与鹰隼斗，快以制敌，无往而不胜。因此，教士之法，教心为主；练剑之道，以快速为上。这便是小女子的剑术之道。"

勾践听了越女的议论之后心悦诚服，伏地稽首道："寡人见不及此，又盲于视听，贤人君子就近在咫尺却视而不见，听而不闻，舍近求远，实在是昏愦得很。今后愿君子协助寡人训练甲士，使越军早日强大，打败吴军，为我越人报仇雪恨。"

　　大夫文种听说越王任用南林越女为甲士的剑术教练，而且是由大夫范蠡推荐来的，不由得勃然大怒："范蠡抓权抓到我的头上了！他对军事训练懂得什么？一个乳口黄牙的毛丫头，信口雌黄，便能当甲士的教练？难道军队打仗是动口而不是动手的吗？让她与齐国的剑术教练比试比试，她就会知道，做起来不像说的那么容易了。"此话出口之后，文种又觉得话说得有点过头了，如果真是如此，那便是抗拒王命。于是秘密找来了齐国剑术教练，向他面授机宜。

　　晨曦微露，清风徐来。越女在范蠡的草寮前正在练功。突然从树丛后面跳出了一个蒙面大汉，手中持剑，向越女厉声喝道："你就是从南林来的那个毛丫头吗？你有何本领，敢来当全军甲士的剑术教练？"

　　越女道："这位朋友尊姓大名？仙乡何处？为何出言不逊？干涉起我的事来。"

　　"你休问我姓名？也不需要知道我是哪里人？全军甲士剑术教练是关系越国军队建设好坏的关键人物，岂是你这个黄毛女子空口白话做

汉画像石《越女出南林》

7

游戏的地方。如果你赢不了我这手中的剑，便死了这条心，早早回家去烧饭洗衣裳吧！"

越女笑道："朋友，听你的话，非常关心越国兴衰的事。你说得很对，你我都不能以个人逞强来损害国家的利益。剑术本领关系军队的强弱，战士的生死，是掺不得半点假的。剑术本领只能以比赛输赢来分出高低。只是以真剑比赛，万一失手，伤了自家朋友，岂不有伤和气。还是依照我们南林山野的规矩，以竹枝为剑。在竹梢上著粉为刃，谁身上的白点多谁便是输家。"

"好吧！比赛的方法就依你。只是我是个堂堂男子与你这个弱女子比赛，有愧须眉。我让你先进攻我三个回合然后再还手。"

"既然两家是比武交流武艺，又何必要让我三个回合呢？"

两人各在竹丛中折了根竹枝，梢头上绑上了白粉袋，来到场地中央，各占一方，拉开架势，相持有半个时辰之久都不肯先出手进攻。越女笑道："难道你真的要表现出阳盛阴衰，先退让三剑再来进攻，才能显示出你阳刚之气吗？"于是便挥动手中竹枝虚晃了三招，算是先进攻三剑，然后两人便正式拉开攻防的架势。那壮汉虽然力大如牛，出手的剑可以摧毁山岳，但是，出剑的速度太慢，剑到之时越女早已闪过一边。因为出力太猛，转身又慢，几个回合之后那壮汉便有些气喘吁吁了。越女却愈战愈勇，剑在手中似闪电一样不断地左右出击，那壮汉的身上忽左忽右、忽前忽后，连续中刺，恰似暮春三月从梨花树下走过，身上落下了无数的点点白花。遭此败绩，那壮汉一下子跳出圈外，丢下了手中的竹枝，一言不发，扭头就走。

越女在他身后高声叫道："朋友，慢走。你不说姓名我也知道你就是远道而来的齐国朋友。你不远数千里来到越国，帮助我们越军提高技击本领，报仇雪恨。我们越国人民永远都感谢你。你的剑术本领不错，只是太看重击刺力量，想一击成功。这种技法只适合于身材高大的人，对于我们越国人民来说是不太合适的。请你转告文种大夫，越军甲士的剑术教练仍旧由你来担任，我不会去上任了。"

话音刚落，只听范蠡在身后说道："刚才的事情，我在草寮中都已看见了。你到越军甲士中当剑术教练是大王的命令，这是关系越军强弱的大事，你怎么能够凭私人义气而不去上任了呢？"

越女忙上前拜见范蠡，说道："不到越军甲士中当教练，在我和大王对话时便已经决定了的，只是不好突然提出，扫了大王的兴头。大夫，你说，吴越两军力量对比，三五年之内会有所改变吗？"范蠡摇了摇头。"既然三五年内越军不会和吴军作战，这批甲士即使学会了剑术，年龄增长，体力下降 剑术本领也发挥不了。越国真正的希望是在青少年一代。请大夫转告大王任命我为少年剑术教练，培养新一代人剑术的坚实基础。八年十年之后，这批少年成为甲士，都将具有精良的剑术本领。那时候的越军，战斗力自然是大大地增强了，一定能够打败吴军。"

范蠡点头称赞道："你说得很对，思虑得也很深远。只是在大王面前不能把你这个想法全说出来，要说得婉转点。因为在大王的心里，朝夕都盼望着越军能早日强大，三五年时间都还嫌长，十年八年更是等待不及。"

后来，越女果然当了越国少年的剑术教练。又过了十二年，也就是公元前476年，越王勾践趁吴王夫差北征齐国的时候，发动全国兵力去攻打吴国，一举战败了吴军。逼得吴王夫差自杀，报了二十年亡国的仇恨。

本文系根据《吴越春秋·勾践阴谋外传第九》："范蠡对

曰：'……今闻越有处女，出于南林，国人称善。愿王请之，立可见。'越王乃使使聘之，问以剑戟之术。处女将北见于王，道逢一翁，自称曰袁公，问于处女：'吾闻子善剑，愿一见之。'女曰：'妾不敢有所隐，惟公试之。'于是，袁公即杖箖箊竹，竹枝上颉桥，末堕地，女即捷末。……袁公则飞上树，变为白猿，遂别去。见越王，越王问曰：'夫剑之道，则如之何？'女曰：'妾生深林之中，长于无人之野，无道不习，不达诸侯，窃好击之道，诵之不休，妾非受于人也，而忽自有之。'越王曰：'其道如何？'女曰：'其道甚微而易，其意甚幽而深。道有门户，亦有阴阳。开门闭户，阴衰阳兴。凡手战之道，内实精神，外示安仪。见之似好妇，夺之似惧虎。布形候气，与神俱往。杳之若日，偏如腾兔。追形逐影，光若佛仿。呼吸往来，不及法禁。纵横逆顺，直复不闻。斯道者，一人当百，百人当万。王欲试之，其验即见。'越王即加女号，号曰越女。乃命五校之队长高才习之，以教军士。"编写成为故事。

（原载《体育文史》1994年第1期）

少室周让贤

　　整个山谷都轰鸣了起来，数千只各色飞禽走兽，被晋国的围猎军队驱赶到了这里。那些弱小的动物、野兔、狐狸、黄羊、麋鹿之类，都已经奔逃得精疲力竭，在小树丛里潜伏着、喘嘘着，一动也不敢动；而成群的野狼却聚集在一起，扬起了头高声地嗥叫，仿佛是号召同类，作最后的挣扎；那些最凶猛的野兽，老虎、豹子、野猪之类，虽然也有些慌张，但是表面上却仍然显示出安闲的样子，静静地蹲伏在山岩下，准备随时开始负隅顽抗。

　　山谷四周旌旗招展，人声鼎沸，刀剑雪亮，车马奔鸣。几千名晋国中军的士卒，把山谷团团围住，准备一举全歼山谷中的禽兽。元帅赵简子，全身戎装，威风凛凛，立在四马战车之上，手扶着车前的轼木，看到中军威严的阵容和行将就擒的猎物，脸上露出了满意的微笑。他回头对立在车右的军尉羊舌肸说："叔向，我们军队的战斗力不错嘛！只半天时间就推进了几十里，几千只野兽无一漏网地被驱赶到了这里。现在我想试一试士卒的徒手搏斗能力，不用兵器，把这些野兽活捉起来。"

　　羊舌肸不自觉地摇了摇头，他最了解中军士卒的作战能力了，只善于远距离的兵器战斗而不适宜于徒手搏斗，现在野兽的精力尚未达到十分疲惫的时候，徒手擒捉，为时尚早。但是，他看到赵简子脸上坚定的神色，知道在这关键的时刻，不应该动摇主帅的意志，何况这只是围猎，是一次全军配合的实战演习，让主帅了解一下军队的实战能力，是完全必要的。"是的，我现在就命令全军收起兵器，徒手搏斗，擒捉野兽。"

主帅的车头上悬挂起了黄色的令旗，鼓手敲响了进攻的鼓音。士卒一声接一声地传下了主帅的将令："收起刀剑弓箭，徒手擒捉野兽，活提野兽重赏。"

随着下达的军令，山谷中响起了雷鸣般的回应。雪亮的刀剑插入了皮鞘，矛戟套上了皮套，马车停留在山谷入口，人群簇拥着，挥动着有力的臂膀，从四面八方，像密不透风的墙，向山谷中间推进，向不会使用兵器但却具有锋利齿爪的野兽宣战。

突然，两只猛虎和一头野猪从山谷中窜了出来，向人群猛扑，几个已经收起了兵器但是徒手搏斗技术还不熟练的士卒，猝不及防，被老虎咬伤了大腿，附近的士卒受了惊吓，一时不知所措，止步不前。围困野兽的人墙被撕开了一个大口子，露出了一条逃命的通道。动物之间大概有一种特殊的的信息传递方式，在很短的时间里，被围困在山谷中的野兽便知道了在某一个方向有一条突围的生路，于是蜂拥而来。那些缺少利爪猛力的小动物由于具备了捷足先登的速度优势，它们抢在猛兽之前突围而去。一刹时，被撕开的合围圈窜逃出去了无数的大小野兽，晋国中军的围猎演习失败了！

站立在四马战车上观看围猎的赵简子见此情景，气得脸色发白，暴跳如雷，连声大骂："笨蛋！笨蛋。真是一群没有本领的笨蛋，把到手的胜利丢掉了。"他命令战车迅速追击"突围"的猛兽，虽然也取得了不小的收获，但为时已晚，大部分的野兽都已经逃走了。

在一间地上铺着五张半草席的书房里，赵简子不停地来回走动。他愤怒的脚步像是要把脚下的草席踏穿。围猎的失败，暴露出他的中军战斗力不强，使他的心情一分沉重。晋国朝廷上的争权夺利已经达到了白热化程度。韩氏、魏氏统率的下军早已依附在智伯统领的上军卵翼之下，一旦发生政变，以赵氏中军一军的力量要与上下两军对抗，必须作好最坏的打算，也就是在矢尽援绝、兵器毁折、有军需物资接济的情况下，赤手空拳也能作最后的拼搏。但是，从昨天的围猎失败中，他已经看到了中军士卒没有徒手搏斗技能，也没有垂死拼搏的勇气。这样的军队如何能支撑这险恶的危局呢？怎么办？他停下了脚步，朝俯伏在草席上的羊舌肸说："叔向，你既然了解军队中徒手搏斗技术很差，为什么不早点说呢？我知道了就不会下那种命令了，就会避免因失败而带来的沮丧情绪。"

羊舌肸仍然是跪坐着，这时却挺直了身子。他不能直接回答赵简子的问话，却绕了个圈子说："主帅明鉴，我们晋国军队的徒手搏斗技术一直都是很差的。不只是我们中军，上下两军的徒手搏斗技术也很差。几次重大战役都是失败在这个方面。齐国军队就十分重视徒手作战技能的训练。徒手搏斗本领提高了，战斗的勇气就会增加。卞庄子一个人就能徒手捉住两只老虎。我们晋国军队中从来就没有这样的勇士。没有徒手搏斗技术，就是有勇气也表现不出来。为今之计，就是要向别的诸侯国聘请几个有技术的手搏教师来我们军队中做教练，鲁国的孟献子只有一千家兵，可是他的家中就请了五个齐国的手搏教师。只要我们能请来高明的手搏教练，不怕军队中原来的基础差，要不了几个月的时间，就会提高军队的徒手作战能力。"

听了羊舌肸的话，赵简子的怒气慢慢地消了下去。他走到羊舌肸的面前坐了下来，说："叔向，这件事也怪我，你早就向我提出过聘请手搏教练的建议，是我没能够领会你的意思。现在就依照你的意见去办，该怎么进行，你可以作主！"

羊舌肸用手支撑着身体，把跪坐姿改成了盘腿坐的姿势，缓缓地说："禀告主帅，现在我就派人去齐国用重金聘请手搏教练，最近几个月军中的训练就以徒手搏斗为中心，到了明年春天，全军开展一次角力大比武，优胜者给予重赏，这样就会推动中军徒手搏斗技术得到迅速发展。

"好！"赵简子把手用力一挥。"一切就照你说的办法去做。聘请手搏教练的礼金要厚重一些，重赏之下才能有高手。教练有高强的本领才能带出高水平的徒弟。"

几辆四马战车风驰电掣般地驰进了晋阳县的城门，主公（赵简子）今天回到了晋阳城，带来了齐国的手搏教练少室周。这消息比风刮得还快，迅速传遍了晋阳城。全城的老百姓都扶老携幼走到街上来，想看看主公赵简子，也想看看齐国的勇士少室周。

晋阳城是赵简子的领地，也是他在晋国发展的根据地，就是靠这个城市的人力财力支援，才使得他能够具有力量与智伯等人在政治上抗衡。自从羊舌肸派人用千金重礼聘请了十位齐国的手搏教练来到军中，中军士卒的徒手搏斗训练很快开展起来，徒手搏斗本领迅速提高。上个月进行了全军的角力比赛，又进行了一次徒手围猎，军队中士卒个个生龙活虎，在猛兽的冲击下，没有一人畏怯，也没有一人后退，生擒活捉了几百头大小猛兽。看了这些成绩，赵简子十分高兴，便下令赏赐齐国手搏教练每人一千镒黄金。并对其中本领最高强的少室周加封为中军车右，做自己的贴身护卫，以便随时指导全军的徒手搏斗技术。今天，他听从羊舌肸的建议，带了少室周回到晋阳城来，就是要在他领地的人民面前，显示一下齐国勇士的威风，让晋阳城的老百姓都知道，主公是重视手搏技术的，在全城人民中普及徒手搏斗。

赵简子的四马战车在全城人民的夹道欢呼声中缓缓的前进。少室周就像一尊天神一样护卫在赵简子的身旁。他宽肩阔背，威武雄壮，铁柱一般铸立在马车上。

"好样的！看样子就是一个有力气、有本事的手搏教练。"

"主公的眼力就是好。有了这样的人做车右，一定会打胜仗。"

"老弟！哪天找这个齐国教练去请教一下，也学习两手高招，有了手搏本领走遍天下都不吃亏。"

断断续续的议论由人丛中吹进了赵简子的耳朵，也吹进了少室周的耳朵。"叔向的主意不错，花了几千镒黄金聘请了手搏教练，提高了军队的战斗力，也提高了士卒的作战勇气，更提高了领地人民练武的热情；在晋阳城多住几天，让少室周收几个徒弟，把徒手作战技能的种子遍撒于民间，让尚未应征从军的青年先学会手搏。有了徒手搏斗的基础，他们到了军队中就能很快提高兵器战斗技能。"赵简子站在车上这样想着。

这时的少室周也在心里盘算："晋阳城是主公的领地，晋阳城的人民大概也都喜好练武。我受主公的恩遇，一定要好好报答他。在这里多收几个徒弟，把我的本领全都教给他们。"

正在少室周心中忖量之时，左骖马突然跳动了一下，驭手急忙勒住马缰，辕马猛一昂头，车厢随之一晃；站在车上的少室周立脚不稳，跟着也摇动了一下，他定了定神，用手扶住车轼，站稳身子。这时车后传来了两个小伙子说话的声音："这叫什么功夫？连站桩也站不稳，还说有过人的本领呢？只怕是芦花被套——徒有虚名吧！"

"比咱们牛叔的功夫差远了！牛叔打定了站桩，十个人推都推不动呢！"

话语传到了少室周的耳朵中，不由得一阵脸红。他急忙回过头来寻找，要看看说这话的两个小伙子是什么样子，可是两旁观众是那么多，马车又急骤地驰过，哪里还能找到说话的人！但是，这两句话却像石头投入到水中，打破了他心中的平静，不停荡起一层层涟漪："听这两个小伙子的话音，是练过手搏功夫的！不知牛叔又是什么样的人？他比我的本领还高强？一定要找到他，莫非晋阳城是个藏龙卧虎的地方，还藏有不知名的高手？"

过了两天，少室周在城中的角力场上见到了被称作"牛叔"的人。他叫牛谈，个头不太高，臂膀也不粗，肩也不太宽，只是人长得健壮，浑身透露出过人的精气神。牛谈很谦虚，见了少室周便跪拜在地，说："少老师，请你多多指教。我没有什么大本领，都是他们胡诌八扯捧出来的，我没有拜过师傅，也没有见过大世面，很想有个师傅能指教我两手。"

原来，牛谈是赵简子牧场上管放牧牛羊的奴隶，自小便生长在牧场上，和牛羊一块生活，也学会了牛羊角斗的本领，在驯服牛羊时不知不觉练就了一身好气力，好技术。曾经有两头公牛争斗，四只牛角对抵，无论如何也分不开。这时牛谈走了过去，一手扳住一头牛的牛角，把两头红了眼的公牛硬是分了开来。因为他能降服牛，力量大过牛，人又姓牛，所以年长的人都叫他牛孩。年轻的人因为佩服他的武功，都称他为牛叔，没有人敢与他称兄道弟的。闲暇无事时，大家聚集在角力场上，年轻的小伙子人人都愿意与牛叔过几招，学两手过硬的手搏本领。

少室周在角力场上看见牛谈时，角力场上已聚集了几百个小伙子，都是来跟牛谈学手搏本领的。现在，看见少室周来了，他们当然都想再跟少室周学两手，更想看看这两位师傅的手脚谁高谁低。俗话说：

功夫真不真，交手便能分。不知是谁在场外喊了一声："请两位师傅过几招，也让我们开开眼界。"此言一出，四周群众随声附和，声如炸雷。

少室周看了看牛谈并不太高的个头，不知他的功底如何，怕出手伤了他的身子。便高拱两手向四周致意道："诸位父老兄弟，非是在下不肯出场，只怕拳脚无情，伤了对手身子，岂不是有碍和气。我们都是主公的臣下，主公带我到晋阳城来，就是要我把这身本领留在晋阳。我今天先表演几套功夫，愿意练的就跟着我学，过几天有点根底了，学会了闪躲腾挪，我一定陪大家交几次手。"

少室周的话算是说得客气了，怎奈场上的青年们早就听说过赵简子中军角力比武的事，少室周一连打败十几个人，可见其功夫高强。他们都想亲眼见见少室周的本领，继续高声叫嚷道："我们也要跟你练，学本事，也要看看你和牛叔交手。他功夫有底子，不怕你出重了手脚。"

话说到这个份上，再也无法推辞了。少室周和牛谈两人都解衣下场。牛谈高拱双手说道："请少老师多多关照。"少室周也拱手还礼说道："多有得罪。"

两人在场子上一站，少室周比牛谈高了一大截子，像座铁塔，他心里暗想：无论如何我不能主动出击，虽说他身子灵活，功夫有底子，万一出手重了，第一天就在场子上伤了人，我怎么对得起主公对我的厚待？少室周摆好了架子，两腿微弓，双手护胸，只等牛谈前来进攻。谁知牛谈在他面前只虚晃了一下，却转身钻到少室周的身后，少室周急转身防止他进攻身后，不曾料想牛谈早又钻了回来。这样三钻两转，把少室周惹恼了，少室周心想：不管你练的是什么功夫，总得伸出手脚来才能赢我，总是这样钻来转去，莫非是想把我转得头晕了，自己摔倒在场

长安客省庄战国墓出土角抵透雕铜牌

子上不成！不管怎样，你再钻来转去，我就抬起腿来顺势一脚，把你踢倒，这也不能算是我主动出击。

这时牛谈果然又从少室周的肋下钻过，少室周再也不犹豫了，猛抬起腿向牛谈胯间踢去，岂料牛谈早有准备，向旁一闪，顺势抓住了少室周的小腿，只稍稍用力一掀，那少室周便立脚不稳，倾金山，倒玉柱，仰面朝天倒了下去。就在少室周后脑刚要着地之时，牛谈早跨前一步抓住了少室周的膀臂，又将他拉了起来。看着四面叫好喝彩的人群，少室周满面羞红的说道："这次交手不能分输赢，是我吃了你的暗算。再交一手，如果输给你，我就服了你了。"

两人又重新回到场子中央站好，拱手致礼。这一次少室周再也不敢轻敌，也不怕对方受不了他的拳脚了，接受上次教训，少室周身高体重，重心容易不稳，不宜于进行下肢进攻。于是他决心站稳脚跟，以有力的双臂将对方抓住，摔倒在场子中间。少室周摆下架式，两臂张开，几次企图抓住牛谈，岂料牛谈却像一条抓不住的泥鳅，不停地在他的手下滑过，一会儿闪在他的前面，一会儿又溜到他的身后。就在少室周两手抓空身体前倾之时，牛谈早已闪在他的身后，用肩顶住他的腰胯，一手搬住他的大腿，用力只一掀，已将少室周掀了起来。若是使劲一推，怕不是要把少室周摔伤在地，牛谈却借势提了一下，又将少室周轻轻地拉了起来。

看了这场精彩的角力比赛，四周的观众都情不自禁地叫起好来。

少室周站起身来，并无羞愧之意，满脸却有敬佩之情，双手高拱，拉住牛谈："老弟！愚兄佩服你这一手绝技，我走过的城市，少说也有几十个，经过的比赛也有几百场了，还没有见过像你这样出手快，力量大，一招就能见效的手搏能手。我不明白，晋阳城有你老弟这样的高手，为什么主公还要千里迢迢地用重金聘请我们来教晋国军队的徒手搏斗技术呢？"

牛谈低着头，轻声地说道："因为我是奴隶，还没有当兵的资格，也不能公开进角力场进行角力。"

少室周听后大叫了起来："奴隶怎么样？难道奴隶的双手掐住诸侯王的脖子会掐不死。在我们齐国管仲相爷当政的时候，就已经解放了奴隶。我就是奴隶的儿子，我的双手打败过平民百姓，也打败过贵族大夫。现在我是主公的车右，我的职责就是保护主公的安全。你老弟的本领比我高强，这个职位就应当由你来担任。我不管你是奴隶还是平民，明天我就要向主公建议，把我的车右职位让给你。有你这样手搏本领高强的好手在晋阳城，我居此位，感到惭愧。"

听了少室周推荐牛谈的一席话，赵简子满面春风地说："你能举贤让能，足见你是个具有谦德的君子；何况你的手搏本领也很高强，可谓德才兼备。我赵简子的军中又不是容纳不下人才。牛谈就封他为中军车右。你也用不着离开晋国。我任命你为晋阳城的邑宰。希望你能发现更多像牛谈这样的人才。也希望你在城中广泛开展练武，培养更多的具有手搏本领的未来士卒。"

赵简子有了牛谈做他的车右之后十分得力，高兴地对羊舌胖说：

"叔向，我们都以为晋国没有高明的手搏人才，千里迢迢到齐国去聘请。谁知人才就藏在我们的眼皮底下，却一直没有被发现。"

羊舌肸抬起头来回答道："这就叫十步之内必有芳草，十室之邑必有忠信。人思贤，贤者自至。过去我们叫出身蒙住了眼睛，只是在士大夫、平民百姓中去寻找人才，没有看到广大奴隶中也藏龙卧虎。这次少室周给我们擦亮了眼睛，拓宽了人才资源的开发面，有了新观念，人才就会源源而来。我看，现在我们应当制定一条法律，给奴隶以人身自由。奴隶有参加军队的权利。这样，我们的后备兵源就会增加两倍。"

放牛奴隶牛谈做了赵简子中军车右的消息，比风刮得还快，传遍了晋阳全城。赵简子解放奴隶的条律文字被铸在铜鼎上公布，使全城奴隶和平民掀起了一股练武的热潮。加之少室周做了邑宰，晋阳城的徒手搏斗技术很快得到了发展和提高。后来，赵简子就是依靠他的领地晋阳城和战斗力坚强的中军，战胜了智伯的并吞，与韩氏、魏氏两家，共同瓜分了晋国的土地，创造了一个强大的赵国。

本篇是根据《国语·晋语》："少室周为赵简子之右，闻牛谈有力，请与之戏，弗胜，致右焉。简子许之，使少室周为宰，曰：'知贤而让，可以训矣。'"

《韩非子·外储说左》："少室周为襄主骖乘，至晋阳，有力士牛子耕与角力而不胜，（少室）周言于主曰：主之所以使臣骖乘者，以臣力多也，今有多力于臣者，愿进之。"以此，编写成为故事。

（原载《体育文史》1983年第1期）

最后一场鞠赛

望着丈夫走出大门蹒跚的背影，大滴的泪水，从春兰的眼眶中掉了下来。已经是十年的夫妻了，到了现在，她才真正了解了丈夫的心。

十年前，春兰怀着所有少女都经历过的那种喜悦、焦虑、猜疑交织在一起的心情，坐上了那辆迎亲的彩车，被拉到了安陵阪里项家的大门。就在彩车的丝帘被一个身躯魁梧、斜披红绸带的青年用秤钩挑开的时候，她趁机偷偷地抬起了娇羞的双眼，向挑帘人望去。这一瞬间和正在向她张望的那对温柔敦厚的眼神相遇了，她那颗期待久悬的心才安定了下来。

在贵族子弟中，项处确实是一个洁身自好的青年。他没有一般富贵人家公子哥的骄横之气，也没有沾染上贵族子弟的纨绔作风。他对待妻子温和体贴，对待儿女慈祥怜爱。每当春兰操持一天家务备感疲惫的时候，只要项处回来，用他那怜惜爱抚的眼神在她的身上望上几眼，春兰的心中便会感到暖烘烘的，一天的劳累都烟消云散了。闺中的女友都羡慕春兰的家庭，夸她的命好，称赞项处是个好丈夫。但是春兰凭她女性的敏感却从心底感觉到，项处并没有把全部的爱都贯注在她和子女的身上。在他的心里究竟还眷恋着什么呢？长期以来，春兰一直捉摸不

21

透。今天，她终于明白了，丈夫心里想的是蹴鞠（即足球），他首先爱的是蹴鞠，其次才是她和孩子。

齐国人都爱蹴鞠，春兰是从刚懂事的时候就知道了的。她的父亲淳于意是个有名的医生，人称仓公，就是一个铁杆的蹴鞠迷。只要没有医疗业务，他从外面回来总是带了一身弄脏的衣服给母亲洗。春兰惊奇的问母亲：父亲为什么要天天去蹴鞠？弄得一身烂泥！母亲笑了，说；不喜欢蹴鞠还能算是齐国人？母亲还说：经过两次战乱（一次是秦末的农民起义战争，一次是汉初的七国之乱），人们的日子过得不够顺心，蹴鞠的风气已经下降了不少呢！以前在战国的时候，齐国的生活安定，蹴鞠之风比现在兴旺多了。听说，有个说客跑来齐国访问。他问齐王：齐国人民最喜欢什么？齐王当时没有回答，派了使臣带他登上城中高台去眺望临淄全城。只见到处都是蹴鞠的人群。后来，这个说客在一本书上写道："临淄甚富而实，其民七万户，无不吹竽、弹琴、蹴鞠。"蹴鞠是齐国人民的爱好，饭可以三顿不吃，觉可以一夜不睡，鞠不能一天不蹴。

父亲淳于意是把蹴鞠当作娱乐，每次蹴鞠回来时总是笑呵呵地向家里人讲述鞠城（即球场）里发生的可笑事情。不过项处则不然，他是把蹴鞠当作事业，每次蹴鞠回来，总是板着面孔，反复唠叨，不是说什么人踢得不好，就是说谁和谁配合得不佳；或者就是说哪个人没有遵守场上纪律而受到了处罚等等。当然，他也有不少时候是高兴的，当他那个安陵鞠队比赛赢了，或者是观众称赞他们鞠队的技术好、作风好的时候，他总是笑得合不拢嘴，反复地说："寓教于乐，寓教于乐。"他认为一个鞠队的作风对一个地方的影响很大，一定要带好这支鞠队。

项处荫袭了他父亲"公乘"的官职。公乘是个管驿站的闲官。安陵阪里是项家的封地。根据汉朝的制度，封爵人可以享受封地的租税，也就是爵禄，所以项处是一个有钱的吃闲饭的公子哥儿，一点事不干，每年可以安然享受千万石的爵禄。如此的富贵闲人，一般的子弟是用宴饮、歌舞、斗鸡、走犬来消磨岁月，而项处则是喜欢蹴鞠。他把休闲的岁月、多余的金钱，都用在了蹴鞠上。他认为蹴鞠不仅能练身体、长筋骨、增知慧、培养人的意志，还可以起到教育人民的作用。一场鞠赛有成千上万的观众，鞠队的作风能影响观众的情绪，起到移风易俗作用。两次大战动乱，齐国都是处于战争交错地带，人民受战乱的影响，遵守社会纪律的品德松弛了。特别是有些青年，把勇敢拼搏和社会纪律对立起来，视法律为儿戏。朝廷虽然加强了法制，力图扭转这种风气，但项处认为根本之计，还是要形成一种健康的民风，使人们能自觉遵守公德，并让社会舆论监督。蹴鞠比赛就是个人勇敢和集体纪律统一表现的最好形式。鞠风端正了，就可以影响到民风。项处拿出了自己部份爵禄，组织了以他的封地安陵命名的鞠队。他自任队长，要求队员在鞠赛时，既要有勇敢顽强的作风，又要集体合作服从指挥，更要遵守鞠法（即比赛规则），服从鞠长（即裁判）的判决。

项处把他全部的时间和精力都用在安陵鞠队的建设上了。俗话说"功夫不负有心人"，安陵鞠队在临淄城十几个鞠队中是技术最棒、作风最好的。谁知在十天前的一次鞠赛中，安陵队在赛场上却出现了一点小小风波。这是临淄城一年一度的冠军赛。安陵队和甫里队进行决赛。赛前项处就感到腹部疼痛难忍，只好叫鞠队自己赶去比赛，并叮嘱队员要赛出好的球风、表现好的技术来。他自己则乘了马车去找他的岳父仓公诊病。青年人都是容易感情用事的，何况事关一个鞠队的输赢大事。比赛中，双方队员发生了争执，又不服从鞠长的判决。观众也是各袒一方。赛场上便发生了骚乱。鞠赛被迫中途停止。就在项处带着懊丧的情绪从岳父家中诊病回来的时候，听到发生这样不守鞠法的事，大为恼怒，立时把鞠队全体队员都叫了来，当即予以训斥。直到小伙子们心服口服，表示愿向鞠长和甫里队道歉为止。接着，项处便向鞠长要求重新安排比赛，以便挽回影响。

就在项处全力投入整顿球队，准备重新决赛的时候，春兰从娘家带回了最坏的消息，项处患的是疲劳型隔疝，不宜参加剧烈活动，倘若不加节制，会有呕血身亡的危险。仓公是齐国的名医，诊病准确率达到90%。他向女儿千叮咛万嘱咐，无论如何不能让项处再蹴鞠了，好好休息，服药调养，能度过一年半载，也许可以得到康复。

春兰苦苦哀求，可就是说不转项处铁定了的心肠。他平静地说："我知道我的生命不会久长了，人反正是有一死的，就让我在死前再做一件自己高兴的事吧！我从小就羡慕那些从军打仗、立功边陲的勇士，可是我没有碰上机会，没能当上将军。我只能为军队建设做点力所能及的小事，帮助后备兵源的从身体和意志上都打好基础。一场鞠赛也许不能在转变民风上起到什么大的作用，但是，培养好一个鞠队的作风，经常参加蹴鞠比赛，就可以影响民风。可能这是我最后一次参加鞠赛了，能对安陵鞠队作风培养起到点作用，我也就心满意足了！"听着丈夫执拗的口气，望着丈夫拖着病体走出家门的背影，春兰的泪水从面颊上滴到了胸前，又从胸前坠落，滴湿了脚下的土地。

敬德殿鞠城是临淄城中最大的一个鞠城，是齐王举行阅兵大典的地方，也是临淄城举行重大鞠赛的场所。鞠城长一千步，宽二百步，正面是一座大殿，也是一座检阅台——观看鞠赛的看台。大殿的下面，一边是钟鼓乐队，一边是记筹架（即记分牌）。大殿前面的广场便是鞠场，三面筑起了短墙，像是一座小城。短墙既是鞠场的边界，又是鞠室（即球门）的界墙。鞠室共十二个，两边各六个。两支鞠队各十二人。这种场地人员设定，是汉代"天人合一"思想的反映。鞠城建筑和岁时季节相符，即十二个月，二十四个节气。鞠室只有半人多高，像是一座小窑洞。鞠室上沿绘制了各种花草图案，每个鞠室根据不同的图案而命名。从左至右是含章鞠室、灵芝鞠室、香兰鞠室、寒梅鞠室、松涛鞠室、竹翠鞠室。鞠室的前面各有一个防守队员，他们的职责就是守卫鞠室，不让对方把鞠踢进室内。但是，汉朝的鞠法规定，防守鞠室的队员与其他队员一样，都不能用手拿鞠，只能用脚踢。汉代的鞠是实心的。比赛允许队员在争夺鞠权时互相推、撞、拉、摔，当时叫做"僻脱承便"。僻脱就是把对方推倒，承便就是使自己能够方便地蹴鞠。所以在汉代的蹴鞠比赛中，如何既发挥队员勇猛风格又符合规则要求，是一件颇为困难的事。这就是项处最为关心的赛风问题。

当安陵队和甫里队排成两行进入鞠城时，看台上的观众响起了雷鸣般的欢呼声。临淄城本来就是一个酷爱蹴鞠的城市，今天这场重要的决赛更是吸引了全城人民的关注。规定是未时开始比赛，还不到午时三刻，鞠城早已挤得人山人海了。连鞠城四面的屋脊上、大树上都有人在上面观看。那些后来的人，得不到一点立足之地，于是只好翘首企足从别人的喝彩声中探听一点鞠赛的消息。

按说这场蹴鞠比赛应当是十分激烈的，可能是因为上次比赛时发生过冲突，安陵队受到了项处的训斥，所以踢起来十分拘谨。大家都束手束脚，完全失去了勇猛的作风。开赛已经过了半根香的时间，场上双方的筹架上还没插上一面得胜的旗子。项处心里暗忖，不打破这种沉闷，鞠风可能又会向另外一个方向发展，失掉勇敢和顽强。大家都保守谦让不思进取，这也是违背蹴鞠比赛目的的。于是，他大声呼喊着、奔跑着，鼓励队员进攻的信心。可是，他疲惫的身体不时使他放慢了脚步，腹部一阵阵的绞痛——难道就这样中途退出比赛？他鼓起了力量摆脱对方一个队员的纠缠，恰在此时，鞠传到了他的脚下。他急速地盘带

河南登封县汉启母阙《蹴鞠图》

前进，向靠近的灵芝鞠室冲去，对方的防守队员眼看着就要被突破防守了，便不顾一切的扑了出来，整个身体向项处扑去，一下子把项处撞了个仰面八叉。项处只觉得天旋地转，喉头有一股血腥之气往外冲，但是，在他的心里却另有一个念头，就是要挺得住，要爬起来，不能被这一击撞垮了。当观众正在惋惜安陵队失去了一个射门的好机会时，安陵队和甫里队的球员都迅速奔跑过来争抢这个漏球，项处却一跃而起，把停在身边的鞠一脚射进了鞠室。鞠进了鞠室，但是大口大口的鲜血却从项处的口中吐了出来。

在一间鞠室的后面，项处仰面朝天地躺着，他坚决不让别人把他抬出鞠城。春兰伏在他的身上嘤嘤地啜泣。安陵鞠队队员跪在他的身旁用宽大的衣袖不停地揩拭从他嘴中涌出来的血水。项处断断续续的说了最后一句话："要培养好的球风，好的民风。"

鞠城内又是一阵金鼓齐鸣，热烈欢呼。这是对鞠队踢鞠进室的喝彩！也是对鞠队勇猛拼搏但又遵纪守法风格的称赞！但是，这些项处已经不知道了。

　　本文是根据司马迁《史记·扁鹊仓公列传》："安陵阪里公乘项处病，臣（淳于）意诊脉，曰：'牡疝。'牡疝在鬲下，上连肺。病得之内。臣意谓之 '慎毋为劳力事，为劳力事则必呕血死。'（项）处后蹴鞠，要蹶寒，汗出多，即呕血。臣意复诊之曰：'当旦日日夕死。'"编写成为故事。

（原载《体育文史》1995年第3期）

戏 车 卫 家

这个故事发生在汉武帝元封五年（前106）的夏天。

这一年，长安城里异常炎热，汉武帝带着他的妃嫔们到长杨宫去避暑了。丞相府发布公告：停止朝仪一个月。大臣们也都各自到城外的住宅消暑去了。金马门待诏枚皋，携带了一大捆竹简，乘了马车来到了东方朔的家中。

东方朔自从被提升为大中大夫之后，皇帝赐给了他一座在香榭大街上的府第。这里是长安城里的贵族区，比枚皋在长安城那间客房要凉爽得多了。他要趁这段时间，把皇帝交给他的没有完成的两篇小赋赶写出来。汉武帝既爱玩，又爱文学，凡是他玩得有兴趣的东西，都要手下的文人用文字描述下来。这就使得跟随在他身边的几个御用文人，要手不停笔地写文章。其中，枚皋接受的任务是写《斗鸡赋》、《蹴鞠赋》。他正愁没有时间动笔，恰逢暑休，于是便来到了东方朔的家中。一来是食宿不用犯愁，有主人招待；二来是文章写成后，可以请东方朔指点指点。经过二十多天的埋头写作，两篇小赋基本定稿了，他交给东方朔看了一遍，东方朔点头称赞道："老弟，你的小赋写得还是很有特色的，文采富丽，言中有物。《蹴鞠赋》中这两句：'苟不刻意于中的，则巧施万端，唯才是逞'就很有点意思。人就应该是这样，只要不专心于功名利禄，就会显露出自己的才能来。"

枚皋叹道："探龙取珠，龙威究竟不可逆测。谁知此文能否符合圣意呢？"

东方朔忙加劝解道："我们做臣子的只能以自己的忠心献上一份诚恳，该说的就说，该写的就写。达则兼善天下，穷则独善其身。荣辱贫富，随遇而安。如此，则可以在复杂的世事面前处之泰然。好啦！不说这些了。你这些时候也够累的了，现在事办完了，咱们该喝两杯乐一乐。我的家伎表演还有几个可以看的节目！"

夕阳失去了炎热的余威，清风徐徐吹过，树木葱茏的庭院中已是凉爽宜人。东方朔与枚皋面对面坐在敞厅的草席上，开怀畅饮。酒过三巡，东方朔举手连击三戸，庑廊下响起了悠扬的吹奏乐。一位高髻长袖女伎，摇摆着轻盈的身躯，挥动长袖，跳起了七盘舞。接着，伴奏乐转为雄壮的声调，一位身着大脚裤、短上衣的女伎，携带一个大木樽，跳着舞步来到了院中，将木樽置于地上，只一翻身，便手撑樽口倒立而起。她腰软如柳，手撑似柱，腰腿左旋右转在樽上表演了许多优美造型的倒立姿态。东方朔是皇帝近侍之臣，家中常有贵客往来，宴饮欢乐，都要有家伎演奏助兴，水平也算是可以的了。但是，枚皋是跟随在皇帝左右的御用文人，上等的杂技表演看得多了，无论东方朔的家伎今天表演得如何卖力，也没有博得枚皋一声喝彩。东方朔当然知道枚皋的观赏能力，便举起酒杯敬酒道："老弟，干了这杯，下面听听阿娟唱歌。她的歌喉不算太好，但是歌声却很有点韵味。"

枚皋知道，东方朔家中的歌伎李婵娟原是平阳公主家的名歌伎，歌声清越，誉满京城，及至年长色衰，嗓音失调，失宠于贵族宾客，便被逐出府门，嫁了丈夫。恰逢东方朔到长安城上书皇帝，被汉武帝赏识，封为常侍，建立府第，需要有家伎，便将之招入府中。东方朔根据其嗓音嘶哑，教以低音唱法，唱声悲壮苍凉，突出韵味，令人荡气回肠，因此，阿娟又重新恢复了她往日的盛名。

"阿娟名声，早有所闻，全靠仁兄指点。今日能闻清音，实是耳福不浅。"枚皋听说有阿娟演唱，不由得提起了兴趣。

李婵娟虽已三十出头，但风姿绰约，秀丽依然。她手执檀板立于阶下，随着吹奏乐声按拍歌唱："西风起啊云飞扬，草木黄落啊雁南翔，兰有蕙啊菊有芳，怀佳人啊不能忘。"悲壮的声音中更夹杂着一种凄凉的情怀，声绕院庭，感人肺腑。这使怀才不遇的枚皋听了，愕然仰视，潸然泪下。本来想让客人高兴欢饮，想不到，反而触伤了他的情怀。东方朔怒容满面地喝道："婵娟，你今天怎么把这首悲壮的歌曲唱得如此凄凉？"

李婵娟双膝跪在阶下："是小女子不好，一时不留意，把自己心中的凄苦之情注入于歌声中了。"

"你有何凄苦之情？"

"是小女子的女儿感染时疫，无钱医治。"

"你家中生活不是还算过得去吗？"

"只为小女子的丈夫已被斥退数月，没有俸禄，一家五口的衣食全靠小女子的月钱开销。"

"你丈夫不是阳信公主家的戏车家伎吗？为什么被斥退。"

"一年前我的丈夫被太常乐府录用，离开了阳信公主家。现在说是奉了皇帝的圣旨撤销了戏车这个项目。阳信公主家他又回去不成，就此便失业了。"东方朔沉吟了一会儿说："好吧，唤你的丈夫来见我。也许我可以给他找点事干。"不一会儿李婵娟带了一个三十多岁的男子一同跪于阶下。"小人卫宏叩见大人。"见过礼后，站立于阶下。东方朔抬眼一望，见是个并不魁梧的男人，便问道："听说你是个戏车伎人，不知有何绝技？"

卫宏转身朝院子的四周看了看，只见有一只大木樽。这是刚才手倒立女伎表演时用的道具，尚未搬走，约有五七十斤重。卫宏走到跟前，只一个侧身倒下用双手抓住樽口便立起身来成了手倒立，却突然把那笔直的下身屈膝弯髋，又突然地伸直，带动了上身，也带动了双手抓住的木樽，腾起空中，离地一二尺高，连续十几次后，竟然将那只木樽移到了阶前。这时，卫宏在樽上的双手松掉了一只，身体的重心移到了一只手上，那木樽也因重心倾斜，三只樽足翘起了一只，又翘起了一只，只有一只樽足着地，与单手的倒立成一斜线，造型既美观又奇巧。枚皋、东方朔看了都不禁喝起彩来，连廊庑下奏乐的人也都喝彩不止。

待到卫宏整衣站在阶下时，东方朔含笑问道："你有这样一身好功夫，为什么不另找一份差事，却把家庭重担抛给了阿娟一个人呢？"

卫宏躬身禀道："回禀大人，小人秉承家教，不愿把家传的戏车技艺丢弃。"

"你是戏车世家？"枚皋从草席上一下子站立了起来。"莫非你就是建陵侯卫信的儿子"。

"小人正是。"

"怪不得你有这样一身好功夫，手倒立表演我算是看得多了，无人能超越你。"

"老弟，你怎么知道他的身世？"东方朔凝视着枚皋。

"太史公要写建陵侯列传，托我在并州就便搜集他家的资料，所以我了解了他的家世。他们卫家祖辈都是以赶车为业。他的祖父卫绾以车士跟随高祖皇帝征战有功，被封为郎将。文皇帝每次出巡，都是叫他参乘。景皇帝知他是个忠直之士，即皇帝位后便升迁他为河间王太傅，在吴楚七国之乱时果然立了大功，被封为建陵侯。可是他的儿子卫信竟然放弃了侯爵，不愿承袭，却以戏车为业，周游全国演出，以技艺糊口。这段奇人奇事真是足以专章记载，传闻后代。"

"枚大人说的确是小人的家史。听先父说，我祖父封侯时就对父亲说：咱们卫家世代就是赶车的，我是碰到这乱世节骨眼上，拾到的这份富贵。但富贵日子也并不是好过的。就拿赶车来说，你驾驭不住马，熟悉不了道，赶着赶着就会碰上事儿，车毁马伤。咱们驾驭不住这富贵生活，也保不定要族灭宗绝。依我看，你这驾车的本领还不错，今后就靠这驾车去糊口养家吧，别吃这口富贵清闲饭了。不过，这太平盛世，富贵人家都有自己的车，谁还雇车呢？所以我父亲就创造了戏车表演，也不知毁了多少车，死了多少马，伤了多少人，才创造出了表演体制，让我学会了表演技巧。父亲临死时拉着我的手说，无论如何，也不能叫这戏车技艺失传。父亲死后，我变卖了车辆马匹埋葬了父亲。没有了自己的车马，便只能投靠在富贵人家做家伎，以戏车技艺谋生了。"

"我这就不明白了，既然你有这么好的技艺，为什么会被乐府斥退了呢？"东方朔难解心中的疑惑。

"太乐丞对小人说，有人上书皇帝，说戏车节目太奢华浪费了，因此，皇帝便下圣旨撤销了。其实，奢华浪费是在阳信公主府中兴起来的，车马都装饰得十分漂亮，为的是让皇帝看了高兴。依小人心思，车要结实，马要驯良，能够表演就可以了。现在有圣旨撤销了戏车表演节目，小人们有话也无处去申诉了。太乐丞也曾劝小人改行去当绝倒伎，缘竿伎，小人因不愿丢弃祖业所以才赋闲在家。"

枚皋道："元封三年那一次角抵戏大会演，哪一个节目不是都装饰得豪华、奢侈浪费呢？冲狭燕濯用的是银质刀环，缘竿、走索的伎人身上则是带着闪光的珠宝，为什么有的人却是偏偏抓住了戏车不放呢？"

东方朔长叹一声道："上这封奏章的就是我。那时皇帝正宠爱阳信公主的姘夫董偃，而戏车正是阳信公主进献的表演节目，装饰豪华，我因此才上奏章劝皇帝摒弃这浪费民财的戏车，用意是指出阳信公主喜爱的东西都是华而不实的，皇帝千万不要上当。想不到，豺狼没有打到却伤到了好人，现在，怎么样才能挽救这过失呢？"

两人沉默了半响，枚皋奋身而起道："朝中只有此人才能解决这个难题。"

"谁？"

"博望侯张骞。他出使西域，招降三十余国，派使臣来朝，深得皇帝信任，现任典属国，掌管着接待外国使臣的工作。皇帝举办角抵戏大会演，正是为了给西域使臣观看，以宣扬大汉的德威。只要张骞向皇帝启奏说，西域的使臣都喜爱看戏车，皇帝就一定会开启禁令。张骞历经艰险十三年，开辟西域通道，他对意志坚定、执着追求的人最为敬佩。卫宏的遭遇一定会得到他的同情。只是由谁去向他说这个情呢？"

"自然是我了！解铃还需系铃人嘛。不过，也需要你老弟帮忙，博望侯是最佩服你的文章的。"

"这是当然的了。只是事成之后仁兄怎样谢我呢？"

东方朔沉思片刻。"戏车表演成功，皇帝一定会要你写一篇《戏车赋》，那时我还借你客房写作，写成之后我一定第一个读，并且还摆这样的酒宴给你洗笔。"说罢两人都哈哈大笑起来。

就在这年八月的朝会上，太常卿李延年上奏章说：三年一届的角抵戏大会演明年就要到期了，怎样筹备组织祈请皇帝指示。

汉武帝说："元封三年那次会演就办得不错，达到了和睦百姓，娱乐万民，宣扬大汉声威的目的，就照着那次的规模办吧！"

张骞出班启奏道："西域使客屡屡向臣说及那次会演使他们大开

了眼界，看到了大汉朝的文化深厚，皇帝陛下的英明圣武。特别是戏车表演，惊险奇巧，从中可以体现出大汉朝人民的勇敢智慧和不怕困难的精神。"

李延年连忙启奏道："太乐丞已遵旨撤销了这个节目，伎人都解散了，一时之间怕难以恢复。"

东方朔这时忙出班奏道："臣知道有个叫卫宏的戏车伎人，曾隶属于太乐丞，现正在长安城，只要召用此人，戏车表演定可恢复。"

听了东方朔的启奏，汉武帝惊讶道："怎么先生也推荐起戏车伎人来了。朕记得前年正是先生上书寡人要废除戏车的，奏书上的几句话寡人至今还记得：'今陛下，设戏车，教驰逐，饰文采，丛珍怪……上为淫侈如此，而欲使民独不奢侈失农，事之难者也。'现在先生却推荐起戏车伎人，岂不是要寡人重蹈奢侈之过？"

东方朔伏地叩头认罪，起身道："陛下圣聪，常人所不及，前年奏章仍一字不忘。小臣前年谏止戏车是要示民以俭，节约国力。今年风调雨顺，农业丰收，盐铁增销，国力已大有不同，正是要与民同乐，宣扬国威之时。且小臣举荐戏车伎人，重在技艺，而不是在装饰华丽，此则又有大不相同之处。"

汉武帝听了哈哈大笑："先生可真是妙口生花，舌底波澜，反正都有理。其实寡人早就明白，先生谏止戏车不在于戏车本身，而是因为那时装饰戏车，举荐戏车的人。明年举办角抵戏大会演，废除郡国举荐，角抵戏的节目要重在内容，去掉一切华而不实的装饰。"

东方朔及众臣一齐伏地叩头："陛下圣聪，光照四海，此天下臣民之福也。"

元封六年（前105）六月，在长安城上林苑平乐观举行了角抵戏大会演。全体朝臣，蕃夷使客，以及长安城内外居民数万人观看了这次盛会。最受欢迎的节目便是卫宏表演的双车戏车了。在平乐观前的广场上，由两匹骏马驾着两辆辒车飞奔，在前一辆辒车上竖立起一根高幢。高幢的横杆处，一个矫健的男子带了两个女僮在杆上翻腾，时而手倒立，时而成燕飞，突然那个男子身体下垂，却是用脚尖勾住了横杆，那两个女僮随着也飞下横杆来，在那个男子的两手上飞舞跳跃。当观众正为这惊险表演捏着一把汗的时候，却听见车上吹奏起乐声。后车的高幢上蹲着一个壮汉，一手吹管，一手拉住绳索的一端，而将另一端扔给前车厢中的一个壮汉，绳索拉成了45度角斜线。随着吹管的节拍，一个赤膊的男子，赤着双脚沿着绳索向上舞步前进。只要有一点倾斜，只要两个拉绳的男子手中稍微松一点劲，只要前后两车的马速度稍不一致，那赤膊男子都会从绳索上跌下来粉身碎骨。这精彩的表演征服了在场所有的观众。

平乐观角抵戏会演的成功使汉武帝非常高兴，颁旨奖励有功人

汉画像砖《戏车图》

员。卫宏被任命为太常博士，领戏车伎乐。卫宏赶着马车亲自去拜谢东方朔。他还想去面谢枚皋，但是已经来不及了。在看完平乐观的角抵戏会演之后，枚皋便积劳成疾，一病不起。枚皋想写的《戏车赋》也未能完成，东方朔只能在他的墓志铭中说了一句；"上有所思，辄使赋之。"说明枚皋一生写的小赋是很多的。

二百年后，东汉的文学家张衡在他写的大赋《西京赋》中，用简炼的笔墨描写了戏车："尔乃建戏车，树修旃。侲僮程材，上下翩翻。突倒投而跟絓，譬陨绝而复联。百马同辔，骋足并驰。橦末之伎，态不可弥。"状物写景也算是精妙极了，只是没有写到汉代戏车发展的过程，也没有提到戏车卫家在创造戏车表演中所作的努力。直到二千年之后，考古工作者在汉墓中发现了《戏车》画像砖，在枚皋墓中发现了墓志铭，才使戏车卫家的故事在社会上开始流传。

本文是根据《史记·卫绾列传》："建陵侯卫绾者，代大陵人也。绾以戏车为郎，事文帝。"

张衡《西京赋》："尔乃建戏车，树修旃，侲僮程材，上下翩翻。突倒投而跟絓，譬陨绝而复联。百马同辔，骋足并驰，橦末之伎，态不可弥。"

《前汉书·东方朔传》："上从容问朔：'吾欲化民，岂有道乎？'朔对曰：'孝文皇帝之时……以道德为丽，以仁义为准，于是天下望风成俗，昭然化之。今陛下……设戏车，教驰逐，饰文采，丛珍怪……上为淫侈如此，而欲使民独不奢侈失农，事之难者也。'"

编写成为故事。

（原载《体育文史》1993年第2期）

塞 外 之 战

　　经过三天的艰苦行军，穿过荒凉的大沙漠，霍去病率领的一万骑兵进入到了草原，这里便是匈奴王庭的所在地，漠北草地。

　　天苍苍，野茫茫，无际草原上，吹到嗓子眼里的风都带着花草香味，是甜的。经过荒凉沙漠行军的士卒们，一下子进入到了花香鸟语的草地，都纵马狂奔欢呼起来。霍去病在马上长伸开两臂、高举着马鞭，大声喊道："来啦！来啦！我来啦！汉家儿女来到了草原上啦！这儿是多么可爱的地方呀！"他把在长安城郁结在胸中的闷气都吐出来了。

　　两个月前，还是剽姚校尉的霍去病，率领他的八百名勇士深入到弓卢河草原，一举歼灭了匈奴族的一个小部落，斩杀一千余人，生擒了匈奴小王罗姑比和他的帐下四百余人，创造了几年来边塞战争从未有过的以少胜多的战例，也于创了汉军反击敌人、远袭深入到敌后的新战术。消息传到了长安城，汉武帝极为高兴，立即降下圣旨，封霍去病为冠军侯，食禄一千六百户，速返长安城见驾受封。十九岁的青年拜将封侯，在长安城贵族子弟中是少有的；何况现在正是边塞多事战争频繁之时，未来的前途更是不可限量。因此，当霍去病衣锦荣归的消息一经传开，便轰动了整个长安城。霍去病的继父陈掌在香榭大街的府第顿时车水马龙，人流不息。有来贺喜的，有来探听消息、联络感情的，更多的则是来提亲说媒的。霍去病的母亲卫少儿，每天都笑容满面地向儿子报告来访贵客的名字。她多少年来想加入贵族社会圈子的梦想终于能够实现了。

这一天，霍去病和他的行军司马赵破奴去参加长水校尉路博德在景德殿鞠城举行的鞠会（汉代的足球叫蹴鞠，球场叫鞠城，球赛叫鞠会）。回来后，卫少儿笑嘻嘻地拿出一幅大红请帛，向霍去病高声喊道："儿子，快来，堂邑大长公主送来了请帛，请你明天去她府中赴宴，是专为你举行的庆功宴会。这可是长安城第一华贵晚宴。"

堂邑大长公主是汉武帝的姑母、又是岳母，在皇室中是最受尊崇的贵戚。她对汉武帝继承皇位有过大恩。当初，汉景帝还没有立太子的时候，后宫有儿子的后妃都想方设法为自己的儿子谋取太子的位置。汉武帝的生母王夫人知道大长公主在汉景帝面前最能说上话，便千方百计地跟她套近乎。大长公主有个女儿叫阿娇，与汉武帝刘彻年岁相仿，两小无猜，在宫中一起玩耍甚是亲热，王夫人便故意开玩笑地对儿子说："阿彻，你和阿娇这么要好，不如向姑妈求亲，娶阿娇做媳妇，在宫中铸一座金屋把她藏起来。"大长公主听了十分高兴，便把自己的女儿许配给了刘彻，和王夫人结成了儿女亲家。如果刘彻能继位当上皇帝，阿娇便是皇后了。于是她极力动员她母亲窦太皇后一起向汉景帝说刘彻的好话，终于使汉景帝下了决心立刘彻做太子。当十六岁的刘彻继位当了皇帝之后，便册立陈阿娇当了皇后，但是，并没能够实现"金屋藏娇"的诺言，因为，娇生惯养的陈阿娇一直是别人侍奉她、奉承她，以她为中心，不知道温柔体贴他人，却惯会使性子撒泼，这怎么能够得到雄才大略、君临天下的汉武帝欢心呢？两年之后，夫妻便反目成仇，皇帝不经常到陈阿娇的正宫去了。又过了两年，汉武帝在他姐姐平阳公主家中喜欢上了歌舞伎卫子夫〔霍去病的小姨娘〕，接进宫中，封为夫人，甚为宠爱，因此对陈皇后就更为疏远，绝迹昭阳宫了。此事触怒了大长公主。她认为陈皇后的失宠是由于卫子夫的蛊惑，于是便迁怒于卫家的人，要进行报复，派人去捉拿卫子夫的兄弟姐妹。卫子夫的哥哥卫青是平阳公主家的仆从，姐姐卫少儿是家伎，都是卑贱之人，怎么能与皇亲贵戚的大长公主较量，只得出逃躲避。卫青逃出长安城到了边塞从军；卫少儿嫁给普通小吏陈掌，才算是躲过了这场灾难。过了十年，卫青在边塞作战立功，当上了车骑将军。卫子夫在皇宫中生下了皇子刘据，被立为太子。按照汉家的惯例，母以子贵，卫子夫的儿子立为太子便应当是皇后，于是汉武帝便废了陈阿娇，立了卫子夫为皇后。可以说，卫、陈两家在宫中宫外都是怨恨重重。

听说大长公主专门为自己举行欢迎宴会，霍去病抬头望着卫少儿说："陈家与咱们卫家，不是誓不两立的吗？怎么会专为我举行欢迎宴会呢？"。

卫少儿拍着巴掌说　"现在好了，大长公主终于明白了陈阿娇失宠是她不能生儿子，与你姨娘得宠没有什么关系。咱们卫家这几年又兴旺发达，她便开始与我们有了往来，堂邑侯陈午与你继父还认了同宗，并保举你继父当了詹事。我们两家开始和好了。"

"就为这点关系，能专为我举行盛大的晚宴？"

卫少儿脸上一下子绽开了笑容。拍着手说："大概总还有点什么别的意思吧！不就是看中了咱儿子是个年轻的侯爷吗？大长公主有个小女儿叫阿凤，最是宝贝疙瘩了。长安城人家的子弟没有一个人能进入她的眼睛，只有你才能够配得上她。"

霍去病从鼻子眼里哼出了一声："只怕我配不上她！"

卫少儿嚷了起来："你还配不上她？长安城就打着灯笼找，还有比俺儿子年轻、英俊、有战功、有前程的侯爷吗！"

霍去病望着他母亲的脸，忧虑地说："阿娘，您不觉得您儿子侍候不好这位千金郡主？您也使唤不了这位娇贵的儿媳妇吗？依儿子之见，还是娶黄桂儿为妻的好。儿子出征在外，她在家中也能侍奉你老人家。"

黄桂儿是皇宫乐府中的歌舞伎，善跳蹴鞠舞。汉代踢球表演因为动作优美像舞蹈，所以叫蹴鞠舞。黄桂儿经常在皇帝举行的宴会上表演，霍去病在宫中当侍中时，常奉命去乐府召唤黄桂儿，喜欢她跳的蹴鞠舞，也喜欢她为人聪明灵秀，于是产生了爱慕之情，曾请求母亲去宫中请皇后姨娘作主把桂儿赐他为妻。霍去病那时是一个普通的侍中，能得到皇帝赐乐舞伎为妻，也算是荣耀的事了。只是因为当时黄桂儿正在

明杜堇绘《侍女图·蹴鞠》

走红，年岁又小，皇帝也喜爱看她的表演，所以卫皇后才未便启齿。现在的情形是大不一样了，霍去病已是冠军侯，娶一个乐府歌舞伎为妻，皇帝不会不恩准的。

卫少儿听了儿子的话，突然沉下脸来说："不行，你不能这么没出息，一个侯爷怎么能娶一个乐舞伎为妻呢？"

"您……"一句话只吐出一个字便咽了下去，霍去病不愿意伤母亲的心。那句话的下半截是："您和大姨娘、小姨娘不都是平阳公主家的乐舞伎吗？怎么就看不起乐舞伎了呢？我在皇宫中值班的时候看得多啦，那些皇亲贵族的郡主没有一个人能比得上贫苦出身的乐舞伎善良、俊美。"当然，霍去病不能把这些心里话都说出口，他知道卫少儿最不愿提起这段当乐舞伎的伤心事。她把从前贫苦的生活当成了耻辱。

拗不过阿娘的心意，霍去病只能去赴大长公主府的宴会了。

张灯结彩，酒池肉林，管弦彻天，珠翠缠身，可以称得上是长安城贵族之家的第一宴会。霍去病是被当作贵宾奉入上座的。一旁便是那位阿凤郡主奉陪，脂腻粉白，千娇百媚。阿凤一改过去那种高傲的架子，隔着席位不断地向霍去病殷勤问话，斟酒布菜。霍去病感觉出来那是她故意做的样子，自己坐在席位上如芒刺在背，全身都觉得不自在，勉强地敷衍着。满厅的宾客有不少人看出了这种不协调的场面，不停地向这边席上张望。大长公主顿时觉得大扫面子：这小子竟然如此不识抬举，把好事往外推。她立即向贴身的侍女吩咐了几句，回过头来对霍去病说："霍侯爷，听说你极喜欢蹴鞠，最爱看的就是蹴鞠舞，昨天皇上赐给我一个乐舞伎，善跳蹴鞠舞。你侯爷一个晚上都闷闷不乐，现在就让这个乐舞伎跳蹴鞠舞来哄你开开心。"

大长公主向阶下招了招手，只见两个壮汉擂起了建鼓。隆隆鼓声中，一个双鬟高髻、身材婀娜的女伎拜倒在宴席前面，待她立起身时，一个圆圆的皮鞠从她的脚上踢起，随着建鼓的节奏且舞且踢。那皮鞠恰似有一根线牵在她的手中，无论如何旋转跳跃都不离开身前身后。霍去病从舞姿和身影中认出来了，场子上这个跳蹴鞠舞的乐舞伎便是黄桂儿。一刹时他如电击雷劈，血涌头顶，满面红涨。大长公主的话更像针锋一样刺在他的心头："霍侯爷，你看这个乐舞伎跳得还可以吧？愿意的话，就常来我这府里饮酒取乐。这些乐舞伎就是为着给我们取乐的！"

霍去病猛然站起身来，推开座席，一语不发，大踏步地走出了宴会大厅。满堂的宾客都惊讶地举目相送，不知如何是好。陈掌急忙走出来扯住霍去病："去病，你不可以如此无礼！"去病甩开了陈掌的手，头也不回地走出堂邑侯陈府的大门，跨上坐骑，飞驰而去。大长公主杏眼怒睁，在厅上大声的喝道："一个芝麻大的侯爵，竟敢在我面前撒野！看你能跑得出我的手心？"

第二天未央宫便传出了懿旨，卫皇后在景德殿召见卫少儿。

进宫回来，卫少儿便把霍去病叫了过去，原原本本地把卫皇后的话传达给他。昨天大宴之后，大长公主便连夜进宫参见皇太后，说明她为阿凤择婿选中了霍去病，请皇太后为她做主成亲。今日一大早皇太后便召见了卫皇后，要卫皇后替外甥答应这门亲事，并再三提起皇帝废了陈阿娇是对不起大长公主。陈卫两家的结怨在朝廷上影响不好，如今有了和解的机会，两家结成姻亲，对各方面都有好处。卫皇后说，无论如何这门亲事也要结成，叫我嘱咐你不可任意使性，此处是长安京城不是塞外军中，千万不能胡来。

霍去病听了阿娘的话，一声不响，不说同意也不抗争。这是霍去病从小养成的习惯，不听从阿娘的话打死了也不说话。不管卫少儿又说了多少道理，说得嘴干舌燥，泪流满面，霍去病一直是一言不发。卫少儿无可奈何，只好进宫去向卫皇后复旨。

当天下午又传出皇帝圣旨，宣霍去病在建章殿见驾。

汉武帝是位有卓识远见、雄才大略的皇帝。他即位之初，正是匈奴族兵强马壮、汉朝边地屡受侵犯之时。他发现父辈留下的武臣老将大多是安享荣华太久，不愿意冒险争功，只是据城防守，因此边塞便处于被动挨打的地位。要保卫国家边塞，反击匈奴族的入侵，没有一批敢于出生入死并富有朝气的青年将领是不行的。于是他大胆起用了卫青、苏建、张骞、公孙敖等一批年轻武将，驻守北方边塞，不断出兵反击匈奴族，使之不敢过分深入，基本保持了边塞大部地区的安宁。但是，在这批将领拜将封侯之后，锐气便逐步减弱，只求边塞上不受侵扰，能相安无事，便心满意足了。即使有时也能主动出击，但也不敢深入敌后，故对敌军威胁不大，未能损伤敌人的有生力量。霍去病以初生牛犊不怕虎的精神，只率领八百骑兵便深入到敌后千余里，创造了歼灭敌人大批有生力量的辉煌战果，使汉武帝看到了，要寻找、要提倡的正是这种不畏艰险、敢于进取的蓬勃朝气。他破格提拔、颁旨行赏时，并没有想到霍去病和他还沾上点亲戚关系，只是想着应该在军中树立一个勇往直前的军人榜样。没有想到，现在一下子涌出了这么多的亲戚关系，卫皇后的外甥，陈詹事的儿子，还有大长公主要招的女婿。仿佛他提拔培养的将领不是为了留在边塞打仗，而是给几个贵族府上再添一面金字辉煌的招牌。汉武帝心里暗暗叹息，一只刚要起飞的雏鹰又要被她们困死在金丝笼子里了。他也是无可奈何，前后左右有许多只手在拉着他，卫皇后、大长公主，他还能对付，可是皇太后把他叫了去，嘱咐又嘱咐，一定要结成这门亲事，并说了阿凤是除了冠军侯之外誓死不嫁别人的话，因为阿娇的事已经对不住大长公主了，现在不能叫她为了小女儿的事再伤心。汉武帝这才不得已召见了霍去病，要亲自做媒，亲手把自己宠爱的虎将送进金丝笼子里去。

汉武帝是至尊无上的皇帝，总不能明白直说，替臣下做媒结亲。在询问几句霍去病在京城的生活之后，便说："爱卿已然封了侯爵，且又年近二十岁，不能总是让父母操心，也该有个自己的家了。朕要在香榭大街替你建造一座豪华的冠军侯府。"

霍去病听了之后，心里明白，这是试探他对婚姻之事的意见。如果皇帝明白说出替大长公主女儿做媒，金口玉言，万无更改之理。现在皇帝是以征求意见的语气说要替他建造府第，完婚成家，就有了回转的余地。他连忙跪在地下谢恩，回奏道："臣蒙皇上厚恩，虽肝脑涂地难报万一。目前军情紧急，匈奴大军随时可能入侵边塞；军需繁重，国家财力应用于军队的建设。臣决心以边塞为家，不消灭匈奴边患，决不回长安城安家。"

"好！"汉武帝一下子拍案而起！"匈奴未灭，何以为家？这正是大汉帝国军人应有的志气。朕要把你的雄心壮志颁示于天下，让年轻人都知道你这个冠军侯是用热血拼搏来的。青年人都要学习你的榜样，到边塞去打仗，保卫国家疆土。朕就依从你的意愿，不替你在长安城建造府第。昨天，朕就接到了大将军从边塞发来的紧急军报，匈奴单于已调集了十万兵马入侵到了云中、雁门一带的边境，请求派兵支援。不过，朕以为被动防守不是上策，应该派一支有战斗力的军队，深入到匈奴王庭，乘虚进攻，迫使匈奴大军回援，既能解救边塞之患，且可寻找战机，歼灭敌人的有生力量。"

霍去病连忙回奏道："皇上圣意英明。分兵防守是被动作战，只能助长敌人入侵的气焰，只有杀伤敌人的有生力量，才能迫使敌人畏威退走。臣愿意率领一支突击部队远征匈奴王庭，歼灭敌人主力于漠北草原。"

"好！你说出了朕的想法。打仗就是要消灭敌人。消灭敌人才是胜利。朕封你为骠骑将军，率领一万精锐骑兵出击敌后，务使敌人在回援之时与大将军的追击部队合围夹击，歼灭敌人的有生力量。兵贵神速，朕立即在景福殿设宴为你送行。"

当霍去病与行军司马赵破奴率领随从骑士疾驰出了长安城时，他回望那高大的城楼长出了一口气，对赵破奴说："想不到这长安城里也有包围圈，比敌人的包围圈还要坚固，我差一点冲不出来了。"

在焉支山下匈奴王庭的草原上，霍去病召开了将军幕府的军事会议，讨论汉军的第二步作战计划。经过艰苦地行军突袭，汉军的第一作战目标已经实现，占领了匈奴王庭，歼灭了零星的保卫部队，故意放走了些"通风报信"的散骑。估计三天之后，敌人的大批援兵就会从汉地边塞退回来，援救王庭。这第二步作战计划应该如何实施？是原地等待，还是向边塞靠拢，与追击部队早日会合夹击？

在霍去病率领的将领中只有合骑侯公孙敖的年龄最长，爵位最高，资格最老。他是大将军卫青的好朋友，在边塞作战已有十几年，熟悉边塞地理，富有作战经验，是卫青特意安排在霍去病的幕府下当辅佐的。霍去病出塞前曾到过大将军的幕府，卫青一再叮嘱霍去病：军队作战大计，一定要多听公孙敖的意见。在霍去病宣布完会议要点之后，公孙敖轻轻咳嗽了两声，便站起身来发言道："咱们这次深入敌后，攻占了匈奴王庭，已经实现了皇帝的作战意图，是一个大胜利。在此之前，还没有一支汉军部队能到达焉支山。现在最重要的任务是回师塞上，与大将军的部队夹击回援的匈奴部队，这是万无一失的作战方案。"

许多年轻的将领都不同意这个作战方案。步兵校尉程不识说："回程夹击匈奴援军虽然稳妥，但并不可靠。茫茫草原，你知道匈奴军走哪一条道，如果落空了，这一次奔袭就是徒劳的了。只有就地等待，匈奴援军是一定要回他的王庭的，在这里以逸待劳，打他个落花流水。"

公孙敖摇摇头说："你的想法是好的，只是别忘记了，我们只有一万人马，而军臣单于是四万骑兵。如果塞上的追兵与我们岔了道，这可就危险了。兵书上说，孤军深入是危机四伏，要慎之又慎。我们不能拿一万人的性命来冒险。"

"冒险！"长水校尉路博德跳了起来："打仗从来就是要冒险！咱们孤军深入敌后，就是冒险，现在成功了，还得要冒险。在这里就地歼灭敌人的主力部队，看似冒险，其实较之回撤塞上还是更有把握，因为在行军途中碰上敌人，还不如以逸待劳的好。"

年轻的将领都随声附和说："路将军说得对，打仗就是要冒险，这点危险值得拼一下！"

霍去病用手中的马鞭子轻轻敲击了一下身前的草地，将军们的争论停了下来，大家都知道主帅要发言了。"我读的兵书不多，但是我知道两军相逢勇者胜，蹴鞠比赛是这样，打仗也是这样。我们虽然只有一万骑兵，但是生力军；敌人虽有四万人，但都是些仓皇回援的惊弓之鸟，就是没有大将军的追击部队配合，我们也能消灭他们。虽然这有点冒险，可我不想失去这次立功的机会。我想在座的各位将军，也不会轻易放弃这封侯拜将的机会。抓住战机，成就各位将军的愿望。长安城皇帝的庆功宴在等待着我们。好吧！各位将军回营去做好准备。第一，派出哨马，至少是五个哨站，一有敌人的消息立刻报告；第二，办好弟兄们的伙食，要吃好，休息好；第三，安排好弟兄们的活动，射猎、蹴鞠，不可使他们请战的情绪有松动。"

焉支山下的草原从来没有这么热闹过，汉军的帐蓬里飘出喷香的牛羊肉味儿，战马悠闲地啃着青草。汉兵手执弓箭徒步追赶狐兔禽兽，为的是让马匹得到更多的休息。各个营地都在举行鞠赛，广阔的草原变成了一个个鞠城，掘起的泥土筑成了鞠室（球门），团起的牛羊毛球便是脚踢的鞠。兵士们奔跑着，呼喊着，争抢追逐。长水校尉路博德赤裸着上身和士兵们一起蹴鞠。他抢到了鞠后，在脚下盘带，猛力前冲，摆脱了防守队员的拉扯，甩开了后面的追击，一连冲过三四个对手的阻拦，把毛球踢进了对方的鞠室。霍去病和赵破奴巡行部队时刚好走到这里，见此情形，大声地呼叫："好样的，路博德！蹴鞠就是和打仗一样，要勇往直前，有进无退！"

赵破奴笑着说："真的，脚有点痒痒了！真想下场和他们比赛一回。"

霍去病点点头说："我也是，真想痛痛快快地踢一场鞠赛。可是，现在不行。稍有疏忽，就会带来无穷的后患。等打完这一仗，我们中军鞠队一定要和长水校尉鞠队大赛一场。"

三天之后，军臣单于率领他的四万骑兵赶回到了王庭。霍去病的军队早已严阵以待，兵强马壮，士气高昂，人人奋勇争先，把疲惫的匈奴军追杀得七零八落，到处乱窜。正在此时，大将军卫青率领的尾追部队也已经赶到，两面夹击，匈奴军更加涣散。军臣单于只带领了他帐下亲兵数百人突围而走。汉军大获全胜，俘虏匈奴大小王子以下万余人，战马军械无数。匈奴军力大减，从此以后再也无力入侵汉朝的边境了。

在长安城的庆功大会上，汉武帝特颁圣旨：冠军侯霍去病益封五千户，骠骑将军职权与大将军相等。骠骑将军幕府就建在边塞酒泉郡上。骠骑将军所部将领有十一人封侯，因功受爵赏者数千人。骠骑全军士气大振，斗志昂扬，人心欢腾。只有霍去病和赵破奴心里还有点遗憾，因为在庆功会后的鞠赛中，他们中军鞠队又输给长水校尉鞠队了。

　　本文是根据《史记·卫将军骠骑列传》："……霍去病年十八……为剽姚校尉，与轻勇骑八百直弃大军数百里赴利，斩捕首虏过当。……（诏）封去病为冠军侯。……元狩二年春，以冠军侯去病为骠骑将军，将万骑出陇西，……过焉支山千有余里……执浑邪王子及相国、都尉，首虏八千余级，收休屠王祭天金人。益封去病二千户。……骠骑将军为人少言不泄，有气敢任。……天子为治第，令骠骑视之。对曰：'匈奴未灭，无以家为也。'由此，上益重爱之。然少而侍中……其在塞外，卒乏粮，或不能自振，而骠骑尚穿域蹋鞠，事多此类。"编写成为故事。

五 色 棒

东汉灵帝光和三年（180）十月，正是秋高草盛、鸟肥兽壮的时候。在洛阳城北的北芒山下，十几匹高头骏马急驰而来。为首的两骑是曹操和他的好友孔桂，后面的几骑是他们的随从。每匹马的鞍袋中都装得满满的死兽。这次射狩又是大获丰收了。

曹操这年才二十三岁。黄中透黑的脸膛上刚刚长出短短的胡须。身材虽不很高大，但是因为经常射猎和蹴鞠，锻练得肩阔臂粗，勇武有力，骑在马上显得雄壮威武。孔桂已是三十多岁的人了，三绺短须已有半尺来长，细眉长目的眼角上已微微牵出两条细线，相比之下略显文静和老成。

夕阳已经西下在远方的丛林之中，十几匹马都跑得汗淋气喘。孔桂稍稍勒住马头，让身下坐骑放慢了速度，扭回头向曹操道："孟德，你的弓箭射法愈加长进了。在小平津山头冲起的那群野鸡，你一人就射中了三只，射法准确而搭箭又如此神速，真是一名神射手。你应该把你的射法经验写成一部书，让全军都学会你的速射法。书名我已经替你想好了，就叫《曹将军速射法》。"

曹操听了仰头大笑，直笑得头巾松散在脑后。"叔林，你还是脱离不了文人的积习，开口闭口就谈写书，而且还学会了起书名。在这书名上就给我戴上了两顶高帽子：一顶是速射法，一顶是曹将军。我现在只不过是一个刚上任的小县尉，即使将来宦途得意，能做到一郡之守，也就心满意足了，何敢奢望将军这样的尊位。"

"嘻！你不想当将军？骗人！你经常和袁绍、蹇硕这一帮带兵的校尉们在一起练骑射、赛蹴鞠，讲兵法布阵，不想当将军花这么多工夫干什么？"

又是一阵爽朗的大笑。"叔林，你是书呆子还是装糊涂？咱们这些孝廉真的能像三十年前那样坐在衙门里看看公文、写写奏章，就能做成好官了吗？现在到处是兵荒马乱，饥民闹事，叛兵造反，不会一点武艺，不懂得指挥军队，恐怕连个平安县令也做不成。你没听说现在流行的民谣吗？'士以弓马为务，家以蹴鞠为学。'人人都要做好打仗的准备，学点应付动乱局势的本领。我只不过是为当好这个小县尉做点准备而已。"

孔桂微微一笑，"孟德，你以为当个好官只要有点武艺，懂得军事指挥就行了？没有勇敢不怕死的精神，就是有了本领也不顶用。我问你，你的蹴鞠本领是不错的吧？为什么昨天在鞠赛时那么畏缩，看见蹇硕冲上来，只是往后退，把通路让给了他，叫他连得三筹。兵书你是读得烂熟，两军相逢勇者胜；蹴鞠法你也明明白白地知道，要守住通往鞠室的通道；只是因为你少了点勇敢，便一切都完了。"

曹操这时方才明白孔桂的意思。他是绕着弯子在批评自己昨天在鞠赛中不好的表现。昨天，曹操参加了孔桂组织的孝廉队与蹇硕的黄门队鞠赛，场外的观众大多是黄门校尉的士卒，为黄门队助威呐喊。蹇硕为了表现自己，在场上拼命向前冲。曹操不愿意和他对撞造成伤害，稍稍退让了一下，蹇硕便得寸进尺，一而再、再而三，在这条通道上连进三鞠，使孝廉队大败而归。想不到，孔桂至今仍耿耿于怀，绕着弯子批评他胆小。"叔林，你们在背后大概都在骂我是个胆小鬼吧？你没看见，蹇硕昨天那疯狂劲儿简直就是个亡命之徒。我想，我的县尉任命刚下来，还得留着这条身子做点大事，不能和这个亡命徒拼生死之命。"

"孟德，如果你处处想着保留身子，总是退让，我劝你明天就不要去当这个洛阳城的北门尉。这里可是贵戚内官云集的地方，亡命之徒多得很，只要他们一冲，你就让步，你这个做好官的梦想，就要破灭了。"

曹操双脚用力一磕马腹，随手又加了一鞭，那马泼拉拉地扬起四蹄离群前奔。他却扭转头来向孔桂高声喊道："叔林，快走吧！天黑了，城门上锁就进不去了。今天我还不是洛阳城的北部尉，还没有权力开启城门。我是不是胆小鬼，能不能顶住亡命之徒的冲击，你就等着瞧吧！"

洛阳是东汉时期的京城，在星罗棋布的各种官府衙门之中，北部尉是一个最小最冷落的小衙门，紧靠在东市西口的进德坊。一座雕着虎头砖门的廨宇，门前站着两名执戟的衙卒。大门左边高高悬着一面报警的大鼓，右边一排挂着五根五尺来长用红黄蓝白黑五种颜色漆成的硬木棒。棒的下面新张贴了一纸榜文："朝廷王法，官民人等应一体遵照执行，有胆敢试法者，定予依法严惩。特制五色棒依法轻重进行杖击，仰各官民人等知照。洛阳县北部尉曹操。"

榜文下围了一群观看的人，一面读榜文，一面议论纷纷。"新官上任三把火，刚上任的新官都说自己清明如水，执法如山。几年之后，高升的，告老的，没有一个不是腰缠万贯的。冤魂屈鬼却遍地皆是。"

"榜文说的好听，官民人等一体执行，违法的按律杖击，可是大小官府衙门，板子都是打在老百姓的屁股上，不见有哪家官府人家的人受杖。官官相护，这五色棒看来是只对老百姓挂着的。"

曹操从人群旁走进了衙门，那些议论的话语全部都吹进了他的耳朵。进入衙内，在正厅坐下，传唤衙卒班头张得标问话。"衙卒分几班巡逻？经过哪些街道？什么时候最容易发生事端？"

张得标盯着曹操那张还没长全胡须的年轻面孔，心里暗暗思量：你问这些干什么？难道还要亲自参加巡逻？在这洛阳城高官如林的北门内，你这四百石俸禄的小县尉，也就是芝麻大的个官，老老实实呆在衙门里，熬够三个年头，另攀高枝，走了完事。何必要装腔作势呢？张得标心里在这么想，嘴中却说道："禀告县尉大人，这衙卒是分三班巡逻。北门是皇城禁地，一向平安无事，安居乐业。"

曹操听了此言立即沉下脸来："真要是太平无事，咱们这缉盗捉奸的北部尉衙门也就该撤销了。官吏当差最坏的事情就是说谎虚报。今后不管发生什么事情，都要如实向本官报告。遇有不逞之徒闹事，应立即锁拿审讯。一切后果都由本官担待，不要尔等分责。"

张得标口中连连称是，心中却暗暗嘀咕：只要你敢出头露面，我还怕捋老虎的尾巴吗？今晚就让你到龙王庙前河里去蹚蹚水。

洛阳城是以洛水为界分成为南北两部，各设一个县尉管辖。北部是皇宫所在地，皇亲国戚、文武高官、宦官眷属，大多是居住在洛水以北。其中多有豪强之徒依仗官势欺压百姓。最为北部人民所切齿痛恨的便是黄门校尉蹇硕的父亲蹇彪，讹诈抢夺人民财物，奸淫拐卖良家妇女，无恶不作，人称"北门虎"。历来的北部尉都畏惧蹇硕权势。他是皇宫守卫部队的指挥官，能够接近皇帝，结交内官。新上任的北部尉都要登门谒见蹇彪，请求庇护。因此，就更使"北门虎"的气焰嚣张，无所畏惧。谁知这次新上任的曹操，不仅不上门拜谒请求关照，反而张出了榜文，特制了五色棒，专门要惩治不法之徒。这不是太岁头上动土吗？"北门虎"非要给你来个下马威不可！

十月初的深夜，黑云沉沉，冷风凄凄。曹操率领几名衙卒巡逻，刚走到修仁坊东口，便听到从坊里人家传来妇女啼哭喊叫的声音。曹操率领衙卒寻声赶去，只见一户人家门户大开，哭泣之声从内传出。门外不远处有盏灯笼照着两个人影向皇城方向走去。

曹操向张得标吩咐道："你去这人家查问发生了什么事情，我去追赶那两个行夜人。"灯影里看见朝前走的两人是一老一小，隐约中传来得意哼唱的小调："月牙儿挂柳西，春色满翠堤，遇着个小妮儿，长得真美丽，拉拉扯扯进了高粱地，我说小妮儿……"

曹操催马赶了过去，拦在行人的前头，大声喝问道："你们是什么人？为何深夜在皇城附近行走？"

那小厮把手中灯笼高举，红色灯笼纸上贴着"黄门蹇家"四个大字。大声喝道："这是黄门蹇校尉的令尊，难道不能在皇城附近行走？"

那老头却乜斜着眼睛，盯着曹操身上县尉的品服，冷笑道："你大概就是那个悬了五色棒新上任的曹县尉吧？芝麻大的官儿也想在洛阳城里摆威风？你敢不让我在这儿行走？过了这御河桥就是我儿子管的地界，你个小县尉连这桥也不能走过去！"说完之后，蹇彪便大摇大摆地向御河桥走去。

"站住。"曹操像霹雳一声断喝。"我不管你是何人的眷属，只要还没走过这御河桥界，便是我管的地段。我只问你，黄夜之时，私入民宅，所为何事？"

蹇彪站定双脚，两眼盯着曹操，呵呵大笑："你说我私入民宅？你去那家人家问问，他们敢说我蹇彪犯了王法。曹县尉，只怕你跑遍了这北半个洛阳城也休想找到一个敢与我作对的证人。"

　　这时，在修仁坊查问事主的张得标赶了上来，在曹操耳边轻声说道："出事的那家事主是东市盛德丝绸店老板陈福隆，他女儿在房内哭得死去活来，看样子是受了人污辱。但是，陈老板却死活不敢说出是谁干的坏事，只是眼泪涟涟地哭说家门不幸。"

　　蹇彪从张得标言谈的表情中，已经看出了没有罪证，更加洋洋得意，哼着小曲，扭头就走。曹操横马挡住了通向御河桥头的路，高声喝道："休让走了罪犯，给我锁拿下！"

　　张得标在一旁低声说道："没有罪证捉人，是要被反坐的。"

　　蹇彪冷笑道："曹县尉，你无罪捉人，可真是活得不耐烦了！"

　　曹操大声喝道："你强奸民女的罪行虽能逃脱，但深夜在皇城附近行走，却是律有条文禁止的，我就要办你个犯夜之罪。"

　　北部尉衙门锁押了"北门虎"蹇彪的消息，一夜之间就传遍了整个东市。一大早，北部尉衙门口就挤满了来看热闹和打探消息的人："这年头，不长胡子的人办事就是比长胡子的人办事胆大，说得到，做得到，不玩虚的。"人们如此议论着。

　　此时，从西大街驰来了两匹骏马，银鞍银勒银丝的缰绳。两员军将身着司隶校尉衙门军服，冲过人群一直驰入北部尉的衙门。气得守卫衙门的军卒圆瞪双目："上司衙门的来人就这么横行霸道，目中无人！

汉画像石《骑射狩猎图》

不下马，到衙门口总得打个招呼吧？"

司隶校尉衙门军将的到来，叫在衙门前观望的人们心情一下子沉了下来。"官大一级压死人。洛阳城的警卫治安都归司隶校尉管。袁绍校尉和蹇硕是好友，这次派人来准是要求放人。只怕曹县尉顶不住这顶头上司的压力了！"

张得标慌忙把刚刚入睡的曹操喊醒，告诉他司隶校尉衙门来人了，大概是要提走蹇彪，也就是不审释放。

曹操揉着惺松的睡眼赶到北部尉正厅时，司隶校尉衙门的军将正在大发雷霆："一个小县尉也摆起了官架子。我们来了这么久还不接见，耽误了司隶校尉大人的公事，他担待得起吗？"

曹操忍住心中的怒火忙向前拱手道："下官来迟一步，望祈恕罪。不知上峰有何吩咐？"

两位军将大声说道："袁大人吩咐，将蹇老爷速送司隶校尉衙门。"

昨夜才发生的事情今天一大早就捅到了司隶校尉衙门，蹇硕的神通真够大的。

曹操摇头道："敝衙只有曹某一人，没有姓蹇的老爷。"

"休要装糊涂！就是昨夜被你锁拿来衙的蹇彪。"

曹操笑道："我说敝衙哪里有蹇老爷，原来就是犯人蹇彪。按大汉朝律文规定，凡是由本衙捉拿的犯人，应由本衙先行审讯，定罪之后再移送上司衙门。现在本衙尚未审讯，怎能就移送上司衙门呢？"

两位军将大声怒喝道："曹县尉，你休要敬酒不吃吃罚酒。司隶校尉大人赏你一个面子，叫你把错拿的好人送上司衙门，借此大事化小。你却推三阻四，莫非认为本司衙门管不了你这个北门县尉吗？"

曹操也板起了面孔回答道："我这个北门尉虽是个小官，却也是朝廷的命官。按朝廷律文办事，有什么过错之处？请转告袁大人，该拿该杀由他法办吧？你们有什么资格和我说话！"两位军将被顶撞得哑口无言，满面绯红。

曹操扭转头来向张得标发话道："本官立即升堂审案，闲杂人等休得在此打扰。"

两位军将羞愧得无地自容，在衙卒和围观人群的讥笑声中挤出了大门，直到大街尽头才得以爬上了马，狼狈而去。

张得标自从当差以来，第一次看到本司的长官把上司衙门的使者顶撞了回去，由衷地敬佩曹操的人品和胆量。他忙把公案整理好，让曹操升案端坐。这时却见一位老者挤出了人群，满脸泪水，口呼冤枉，跪倒在厅堂之下。张得标忙向曹操禀告道："此人便是昨夜出事人家的事主陈福隆。"

原来昨夜蹇彪在他家作恶之后，陈福隆本想忍辱吞声隐瞒过去，谁知女儿受不了污辱，哭了半夜，一根麻绳吊死在屋梁之上。他妻子经受不住悲痛的刺激中风昏倒。一个好端端的人家就这样被击碎了。陈福隆跪倒在厅堂之下连连磕头大呼："曹县尉，曹县尉！你要替小人作主！这个万恶的"北门虎"，害得小人家破人亡！"

在场的人听了陈福隆的哭诉，无不咬牙切齿，凄然泪下。

正在此时却听门外的衙卒吆喝道："县令李公进衙。"

曹操不胜惊讶道："李县令为何亲自来我衙中？"

张德标忙上前说道："李公此来，一定也是为了"北门虎"的事，否则，一县的县令怎能屈尊来会见本县的县尉呢？"

曹操笑道："蹇硕真不愧是个鞠场高手，动作真快，一夜的工夫就请来了我的两位顶头上司。看来，我要是不释放蹇彪，这个小小的县尉真的要干不成了。"

张得标道："按大汉朝法律，县令无权过问县尉缉捕奸盗之事，只怕李公此来只能以好言相劝。"

果然，李公落座之后，周旋两句便切入正题："曹县尉任职之后亲自带兵巡逻，日夜操劳，忠于职守，本人甚为钦佩。只是这京城之内龙蛇混杂，万象丛生，处理公务必要小心谨慎。听说蹇校尉家尊因犯夜小事被县尉锁拿，万勿因此区区小事伤了两家的和气。"

曹操听了，忙离座打躬称谢，说："县尊不嫌下官愚鲁，肯屈尊指教，不胜感激。只是这蹇彪一案，已不是犯夜违禁小事，而是强奸致死，伤残人命的大案。"

李公惊愕道："蹇彪还有人命案件？"

这时厅下的老百姓又有几个人挤出了人群，扑倒在台阶前，向李公和曹操哭诉冤枉。有人说蹇彪强夺他的财产，有人说蹇彪霸占了他的妻女，有人说蹇彪杀害了他的父母，连同陈福隆女儿强奸致死一案，共有四项命案。李公听了忙起身拱手告辞道："本官不知内情，以为只是为了犯夜小事，怕因此得罪内官，故来此说情。现在既是人命大案，本官无权过问，由尊驾自己办理吧！"

送走了李公之后，曹操长吁了一口气："总算打发走了两路说客，不知还会不会有第三路说客来临？"

话音刚落，人丛中就挤出一个人走上了大厅，大声道："怎么没有！还有我这一路呢？"

曹操定睛看时，却原来是好友孔桂。"叔林，多日不见，我想你总不会投到蹇硕门下替他说话，来试探我是否是一个胆小鬼吧！"

孔桂哈哈大笑道："孟德，你还记住了我的那句话，这就好。做官只要不是胆小鬼，准能是个好官。我不是说客，但有个说客的消息。蹇硕两路进攻失败，并不善罢甘休。他正在筹划第三路进攻。这个攻势

57

极强，你这不怕死的小县尉该怎么办吧？"

曹操恍然大悟，立即吩咐张得标，带犯人蹇彪审讯。在众多人证面前，蹇彪无法抵赖，只能低头认罪，招供画押。曹操转脸问张得标道："据蹇彪罪状，按律应如何处置？"

张得标朗声回答："按律应斩，立即执行。我衙得到皇帝圣旨恩准，凡是皇亲内宫家属犯罪者以五色棒杖杀，保留全尸。"

曹操应声掷下行刑红签，在人群的欢呼声中，蹇彪被杖毙于五色棒下。

正在此时，四匹黄马像箭一样从皇城方向驰来。蹇硕特为赦免他的父亲，恳请皇帝下了御旨。当蹇硕带着圣旨来到北部尉衙门前，听到衙内人群的欢呼声时，他知道已经来晚了。曹操已经采取措施堵住了他的第三路进攻。大滴的泪水从蹇硕的眼里滴落在北部尉衙门前的黄土上。

后来，曹操终于受到了贵戚和官僚的排挤调离了洛阳城北部尉，到千里之外的顿丘去做官了。但是，曹操忠正不阿，不怕权势、为民除害的清廉政声，在民间赢得了信赖，为他后来成就大事业建立新魏朝奠定了基础。

　　本文系根据《三国志·魏》注引《曹瞒传》："太祖初入（洛阳）尉廨，缮治四门，造五色棒，悬门左右各十余枚，有犯禁者，不避豪强，皆棒杀之。后数月，（汉）灵帝爱幸小黄门蹇硕叔父夜行，即杀之。京师敛迹，莫敢犯者。近习宠臣咸疾之。"

　　《太平御览》卷754《魏略》："孔桂字叔林，性便妍，好蹴鞠，故太祖（曹操）爱之，每在左右。"编写成为故事。

曹丕比剑

　　建安十年（205），年仅十九岁的魏王世子曹丕，以五官中郎将的头衔，率领两万大军，围攻袁绍残部于冀州城下。经过十八天的鏖战，攻克冀州城，全歼守军。为了显示军威，慑服新土，在冀州城西的山野，曹丕率领全军举行了一场大规模的围猎，以新胜的兵锋，合围进击无力抵抗的禽兽，当然是所向披靡了。结果猎获了上万头飞禽走兽。

　　当天晚上，在五官中郎将的幕府，举行了盛大的庆祝晚宴，全军的军将都应邀参加了这次宴会。庭院中燃起了熊熊篝火，大殿上点亮了千余只红烛，真是光明辉煌，如同白昼。丰盛的菜肴，香甜的美酒，把每个军将的肚子都填满了，脸色染红了。朦胧的醉意使他们摆脱了军礼的约束，显露出武人的本色。有的人除掉了巾帻，有的人敞露着胸膛，有的人挥拳攘臂，有的人大声叫喊，大殿之上呈现出一片欢腾、喧闹的情景。

　　乐乡侯邓展，原来是汉朝末年庐州太守刘勋的部将，因为迫于江东孙策的进攻，和刘勋一起归降了曹操，几年来南征北战也立下了不少的战功，被封为侯爵。这次在攻破冀州城的战斗中，他又立了头功，受到曹操的通令嘉奖，并提升为奋威将军。因此，在宴会上，众军将对邓展是一片赞誉之声。"祝贺高升"，"恭贺将军"，"将军战功卓著，威震敌胆"。

虽然是盈耳的赞语，却不并能使邓展心满意足，在今天的宴会上，还没有一个人的话能搔到他的痒处。

邓展出身将门，自幼习武练剑，受到了严格的基础训练，十五岁时他遍游江东各地寻访名师，跟随空手入白刃高手梁隆远习武，能够从刀枪如林众多的敌手之中空手夺下对方的兵器，在江东一带颇有些名气。后来又随江东剑派名师吴龙学习击剑，得到了他的秘传，一把剑运用得神出鬼没，打遍江东无敌手。来到中原之后，他一直没有机会显露自己的剑术本领，也没有人知道他是江东派剑术的嫡传后人。这次围猎，他故意不带弓箭，也不拿长兵器，只用随身佩剑，刺死了一头身高力大的黑熊，杀死了一只雄壮有力的猛虎。他认为，这次宴会上一定会有人提及此事，夸赞他的剑术高明。谁知宴会上竟无人提及。谈论的主题始终围绕着世子曹丕，不是说殿下的文才如何渊博，就是说殿下的武艺怎样出众，一片颂扬之词，真是使人听了耳朵上也磨起了老茧。曹子桓不过是一个刚戴上成年人帽子的大孩子，是靠他爸爸的权势才得到的荣誉！他能有什么本事？邓展心里有些愤愤不平。

军祭酒张京是全军闻名的酒葫芦。自从建安七年，因为连年灾荒，谷物歉收，曹操下令在军中禁酒以来，几年之中他就没满足过酒瘾。这次庆功宴使他得以大张海口，一杯接着一杯吞下满杯的新丰美酒，而且每饮一杯，他都说出一个该喝酒的理由，使他自己和别人都能名正言顺地举杯痛饮。现在，他又站起身来，高举手中的满杯美酒，用左手重重地敲打着桌子，高声叫道："诸位，诸位！静一静，静一静！"

喧闹的大殿立时安静下来，谁都知道张祭酒是个善于舞文弄墨、咬文嚼字，又掌握着军中生死大权的执法官。

"咱们今天的宴会，有几层重大的意义。一者是攻下冀州城，袁绍占领的土地已全部臣服了；二者是这次军队围猎有极大的收获，显示了我军强大的战斗力；第三是咱们的殿下，在这次射猎中表现出了绝妙的射技，一天射获飞禽走兽三十多头，而且是用左右手轮流开弓。咱们的魏王熟读兵书，用兵如神，写下了一部有名的兵法书《孟德新书》；咱们的殿下射法神奇，也能写出一部射法新书，书名就叫《子桓射法》。咱们的军队，有魏王的兵法书指导作战，有殿下的射法书指导训练，一定会成为一支铁军，战无不胜，攻无不克，无敌于天下。为我们未来的胜利，为魏王的军队所向无敌，干杯！"这热烈的语言，虽有点夸张、阿谀，但是说出了大胜之后军将们的自信心理。大殿中响起了炸雷般的"干杯"声。

邓展一仰脖子把一杯美酒灌下了肚子。他心里的火气比酒还热，真是一个厚脸皮的马屁精，无耻的文人，挖空了心思阿谀奉承，射法的书已经写有上百部了，殿下的射法还要写成书？这书也太容易写了，还说是什么新创造呢？

张京刚坐下去，邓展就端起了酒杯站了起来。邓展是军中能征善战的将军，受人尊敬。众人见他端起酒杯要说话，一霎时也安静了下来。"我，耍刀弄枪的人，笨嘴拙舌，说不出什么道道来。殿下的射法，没说的，我服啦，是该在军中推广。兵士们人人都能左右手开弓，军队的战斗力就能提高很多。但是，光练习射箭、射准，这是不行的，还必须练力量。有了力量，射出的箭才有杀伤力。昨天围猎，有的人射中了兔子，但却没有射穿兔子身上的皮，箭带在兔子身上还跑了好几里路呢！"大殿中突然响起了哄然的大笑声。谁都知道，这支箭是张京射的。箭带在兔子身上跑了几里路远这是笑话，但是张京那双耍笔杆子的手，没能够把兔皮射穿，这是事实。"所以，我说，咱们的射法要练，力量也要练，练好了，咱们的军队就一定能提高战斗力，无敌于天下。为咱们未来的胜利，干杯。""干杯！"大殿中响起了更大的欢呼声。

张京的脸上比涂了生姜汁还辣，但是他却一点也不动气。多年的军队生活使他明白，对待直性子的武人，特别是像邓展这样作战勇敢立有赫赫战功的将军，是不能为了一点小事翻脸的。魏王也绝不会支持他为了个人言语私嫌，去惩罚一个有功的将军。

张京从从容容的站起身来："谢谢邓将军的指教，使我知道了今后该怎样练习射箭。刚才邓将军说的那只兔子，是我射的。"大殿中又响起了一阵哄笑和私语。有人惊讶，有人赞佩，也有人奇怪，张京今天为什么这样大量，公然承认自己的弱点？"我今后不光是要练习力量，不说是透穿七札，至少也要能射穿一层胸甲吧！绝对不能连兔子皮也射不破。还要练习剑术，剑术是防身的本领，我今天当众宣布，我要拜邓将军为师，学习他的江东派剑术。"

这真是一拳头打在心窝上，击中要害啦！一句话说得邓展眉开眼笑，前嫌顿释，马上站起身来拱手说道："张祭酒，你客气，做师父，我不敢当，咱们以武会友，算是武场上的朋友。提到剑术，不是我当众说大话，沾了祖师爷的灵光，我算是摸到了一点门道。江东派的剑法是越女祖师留下来的，是天下历史最悠久、最好的剑法了，传到我这一代是整整三十代了。我到中原这几年，还没有看到有哪一家剑法能比得上江东派的剑法。大家愿意学，我无私地传授。咱们全军要是都学会了江东派剑法，那就如虎添翼，更加无敌于天下了。"

邓展的大话使曹丕极为恼火。刚才他取笑张京，已经使曹丕心中不快了，文人能参加射猎已经算是不错了，怎么能要求他们百步穿杨且洞穿层甲呢？现在他更肆无忌惮地说出了中原剑法不如江东剑法，真是太狂妄了。如果是在往日，曹丕听了此话，可以一笑了之。他从小接受父亲的教育，为人上者要竟宏大量，不可与部下计较一言一事的得失。今天，酒喝得多了，酒气盖了脸，年轻好胜的心再也按捺不住了。他忘记了在这公开场合中的上下级身份："邓将军，你说中原的剑法都不行，这话不对。教我剑法的史阿，是洛阳剑派王越的门徒。在汉桓帝时，天下剑术好手就曾齐集洛阳，进行过一次比赛，公认王越的剑法为天下第一。江东剑派虽然是传世最久的剑术流派，有较多好的技法，但是，也有不少是过时了的东西。老的东西并不一定样样都是珍品。"

当着全军军将的面，公然塌邓展的面子，说江东派剑法是过时的东西，这真像挖了邓展的祖坟，使他火冒三丈。如果说话的不是中军主将，魏王的世子，他会立即跳将起来，持三尺龙泉宝剑，与他较量一番；在他的身上平添几个鲜红的窟窿，让他晓得江东派剑法的厉害。邓展虽是拼命压抑着胸中的怒火，但还是冷笑地说出了心里的话："殿下，你说江东派剑法过时了，今天，我就是用江东剑法的招数刺死了一头大黑熊，一只大猛虎，难道还有什么人的力量能比黑熊、老虎更凶狠的吗？"

曹丕听了哈哈大笑："人的力量虽然比不上黑熊、老虎，可是机动灵活就比猛兽强多了。剑法比的是斗智、斗巧，并不完全决定在力量上。这就是江东剑法的弱点。你的剑能刺死力大无比的黑熊，但是并不一定就能赢了力小的人。"

"你敢和我比赛吗？"愤怒已经冲破了邓展的胸臆，热酒又冲昏了他的头脑，话到口边，再也留不住了。

坐在邓展身旁的刘勋猛地踢了邓展一脚："你酒喝多了，把礼仪都忘在脑后了！当着殿下，怎么能说出这样无礼的话来。兵凶战危，兵器也是好随便比赛的吗？"

张京刚才挨了邓展一闷棍，现在有了看热闹的机会了。无论邓展与曹丕比剑是输还是赢，后果都不会对邓展有利。"是呀，自家人比武，无论如何都是不能动真刀真枪的。为了研究剑法的优劣，倒是可以用士兵们练武时用的木兵器来试试！"

曹丕这时正酒后口渴，从侍卫的手里拿过了甘蔗来解酒，便笑着说道："就用这甘蔗当剑，来比试三个回合，也可见高低了。"

邓展见曹丕真的要比试剑法了，倒是有些惶恐不安，忙站起身来赔罪道："小将是个粗人，酒后失德，说话多有冒犯之处，尚祈殿下宽容。"

曹丕摆了摆手道："邓将军不要客气，比武乃是军中常有的事，士卒们能比，将军们能比，我曹子桓为什么就不能比？比输了就向邓将军学习，在比武场上是不分什么尊卑上下的。"说着便拿起了半截甘蔗离开了座位。

这时军卒早已将庭燎移了开去，腾出院中大片的空地，军将们都走出大殿，在院子中围成了一个圈子。曹丕和邓展都脱去了身上的外衣，手中拿着当剑用的甘蔗，来到了场子中间；邓展一心只想赢了这场比赛，忙在上首位置拉开了架势。他心中早已盘算好了，在众目睽睽之下上下级的比赛，是不能主动进攻的。按照江东剑法上所说的那样，避实就虚，后发制人，只要剑尖能点到曹丕身上就算是赢了。

曹丕虽然年轻，但是，他经历过的剑术名家实在是太多了。曹操是个善于延揽人才的政治家，凭借政治势力把各种人才都汇集到他的丞相府中。全国各派的剑法名手都齐聚到了许昌。因此，曹丕看过、学过各家各派的剑法，并深知各派剑法的优缺点。江东派剑法是最古老的一种剑法，但偏于保守，加上今天邓展求胜心切，更不会使用新招。对于怎样赢得这场比赛，曹丕已是心中有数了。

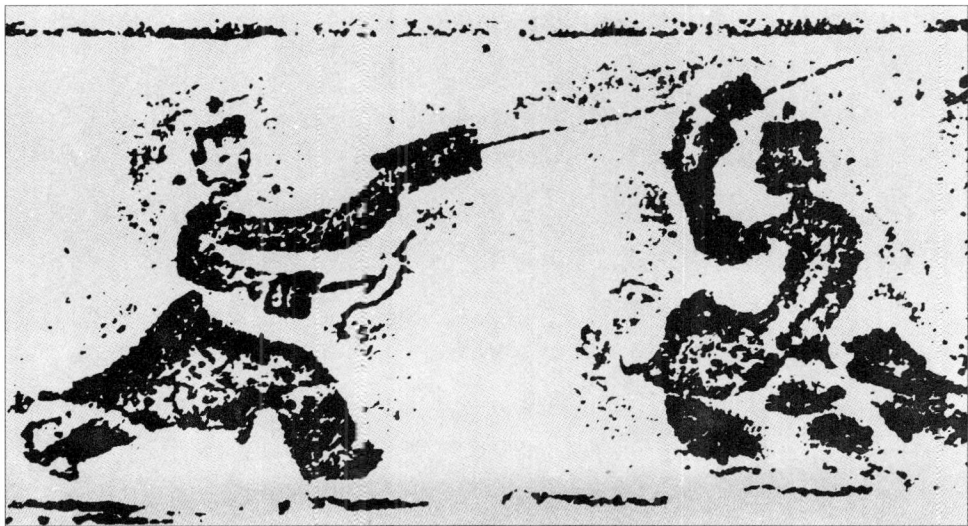

汉画像石《击剑图》

曹丕和邓展在场中摆好了架式，你来我往，攻防进退，只两个回合之后，曹丕便已看准了邓展是要使用防守反击、后发制人的剑法了。于是，他便施行自己的进攻战法，突然一个箭步向邓展胸部直刺，却故意闪出了自己的身体，露出了破绽。果然，邓展认为时机已到，防开曹丕的直刺之后，便掉转剑尖向曹丕的右胸刺来。曹丕的剑并非被邓展防开的，而是主动地收缩了一下，邓展出剑进攻时，手臂躲闪不及，早中了曹丕还击的一剑。全场军将齐声高呼："刺中了，刺中了！还是殿下的剑法高明。"

第一剑输了之后，邓展是又羞、又恼、又急。羞的是，他这个沙场老将，夸口是江东剑派的名手，竟然输给了一个乳臭未干的青年。恼的是，自己过于性急，竟没有识破曹丕那一剑虚晃的本质；急的是，如果第二剑再不赢就要当面出丑了。他急忙拿起蔗剑，抢到场子中间，口中高声喊道："来，来，咱们这一次真的要决一雌雄了！"意思是说刚才的那一剑是他故意输的，现在才是真正的角逐。

第二次交锋，曹丕依然是主动进攻。曹丕懂得，比赛场上的胜败，固然决定在剑法的高低上，但在两强相遇之时，剑术水平相差不多，心理因素就起着十分重要的作用了。邓展刚才输了第一剑，本来是输在保守上，但是他会误认是冒进了。这一次他一定是要更加保守，小心防守了，不会去主动进攻，现在就是要迫使他被动进攻，乘机取胜。果然，不出曹丕所料，邓展虽然气势汹汹，拉开了进攻的架势，但是，却小心翼翼，怕再输了第二剑。曹丕便故意进攻他的中路，露出了自己的头部，吸引邓展高抬手臂向他的面部直刺，曹丕却乘机自下而上刺中了邓展的手臂。邓展又输了第二剑。

曹丕丢掉手中的甘蔗，拉着邓展的手哈哈大笑道："侥幸！侥幸！我这两剑都是因为邓将军急于进攻，露出了手臂而刺中的。其实，从实战要求来说，刺伤对方手臂并不能算是最后的胜利，因为对方还有作战能力。"

邓展连输了两剑，又愧又悔，汗出如雨，这时听了曹丕的话，忽然醒悟，原来我两次都是输在急于进攻上，这正是违背了江东派剑法的准则，我为什么不也反攻他的手臂呢？想到这里，转身向曹丕请求道："殿下，你已赢了我两剑，我算是服输了。三赛两胜，本不该再比了，只是因为我多喝了两杯，对殿下剑法高明之处，还没有领略到，请再比一剑，算是殿下的赐教。"

"好吧，一言为定。咱们再比一剑。"曹丕从邓展的语气和眼神中，早已看出了邓展是想用他的进攻方法再搏一次。

两人又重新回到场子上，拿起了蔗剑进行交手，只几个回合之后，邓展便故意暴露出自己的手臂，曹丕也故意向他的持剑手臂进攻，这时邓展却突然掉转剑尖向曹丕的持剑手臂刺来，谁知曹丕早已收了剑，侧身让开，手中的剑却由斜里刺中了邓展的面上门。因为邓展以为这次反击必然刺中，用力过猛，曹丕转手的动作又较快，也稍微用了点力，手中的蔗剑经不起邓展整个身躯的冲撞，一下子折为两段。庭院中众军将看了，都纵声大笑。曹丕忙丢下了手中的断蔗，把邓展搀了起来道："姜是老的辣，酒是陈的香；但是，剑法技术却是新创造的好。江东剑派是古老的一派，有些方法是好的，有些方法却是陈旧了。中原剑派有优点，也有缺点，我门必须弃旧图新，捐弃门户之见，集合各家之长，合并新老剑法，创造出新的剑法来。"

听了曹丕的议论，张京带头鼓起掌来："殿下的话说得真好，捐弃门户之见，集合各家之长，创造出一种新的东西，这是一切新事物的催生剂。邓将军，你的江东剑法是老了点，但是，要是注入新的血液，不怀门户的偏见，仍旧可以成为具有威力的剑派，也可以写出一部剑法新书，取名就叫《邓将军江东新剑法》。咱们的军队有魏王的兵法，殿下的射法，又有邓将军的剑法，都是新创造的方法，真正是可以无敌于天下了。"

　　本篇系根据《三国志·魏·文帝纪第二》注引曹丕《典论·自叙》："余又学击剑，阅师多矣，四方之法各异，唯京师为善。桓、灵之间，有虎贲王越善斯术，称于京师。河南史阿言昔与越游，具得其法。余从阿学之精熟。尝与平虏将军刘勋、奋威将军邓展等共饮，宿闻展善有手臂，晓五兵，又称其能空手入白刃。余与论剑良久，谓言将军法非也，余顾尝好之，又得善术。因求与余对，时酒酣耳热，方食芋蔗，便以为杖，下殿数交，三中其臂。左右大笑，展意不平，求更为之。余言吾法急属，难相中面，故齐臂耳。展言愿复一交。余知其欲突以取交中也，因伪深进，展果寻前，余却脚郲，正截其颡，坐中惊视。"编写成为故事。

球 场 风 云

　　唐中宗景龙三年（709）八月，外放到潞州当别驾的临淄王李隆基接到了圣旨，立刻进京面见皇帝。这突然的消息使李隆重基又惊又喜。

　　李隆基是唐中宗李显的亲侄儿。他的父亲叫李旦，与已故太子李弘、李贤及李显，是则天皇后一母所生。但是，在则天皇后一心要建立武周朝代的时期，"兴武灭李"、"燕啄皇孙"，李氏皇室的子孙人人都岌岌可危，连则天皇后亲生的儿子也不能幸免。李弘、李贤都被逼自杀。李显、李旦被废。一个被贬谪到卢陵郡，一个被幽禁在皇宫中。直到张柬之等人起兵除奸，杀死了佞臣张昌宗、张易之，废了则天皇后，迎立卢陵王李显当了中宗皇帝，李旦才被封为安国相王。李氏子孙才算是重见天日。但是，美好的日子并不长久，张柬之等人虽然杀了佞臣张氏兄弟，但是对武氏家族的势力却根本没能触动，武攸暨仍然是太平公主的夫婿，武三思却成了唐中宗韦皇后的姘夫。武三思的儿子武崇训又当上了安乐公主的驸马。武氏家族和新兴的韦氏家族联合起来，气焰嚣张，权倾朝野。中宗皇帝只不过是一个傀儡而已。李氏子孙重又过起了忍气吞声的日子，只因为李隆基在球场上说了一句气愤的话，便遭到贬谪潞州别驾的处罚。

明《宣宗行乐图》击鞠局部

　　那是景龙二年（708）的春天，初封为临淄王的李隆基心情舒畅，听说新进士今天在月灯阁球场打马球，一时兴起，要去看看热闹，换了便服，骑上新从御马厩选来的五花马，只带了一个随从，便纵马向曲江池头驰去。待到他来到了月灯阁球场时，新进士的球赛早已经结束了。观众们正在观看长安城的贵公子在球场上驰马打球。李隆基勒住了马头也在球场边上观看。

　　唐代的科举制度本来是为了打破士族的门阀专政而设，但是，社会上的门阀观念依然十分浓重。新进士在慈恩塔上题诗，月灯阁下打球，都要自报门第以显示自己的身份。因为刚刚结束的新进士球赛，打球的进士们都自报了家门，几个上球场的贵公子也要炫耀自身门第，于是，在打球时也都沿用了新进士的球场习俗，手举球杖，纵马绕场，自报家门。在一阵欢呼的鼓乐声中，一位身着紫袍的青年人将球儿打入了球门。只见他高举起球杖，纵马绕场，得意洋洋地喊道："在下德静郡王之子，光禄卿、驸马都尉武崇训是也。"德静郡王便是武三思。听到武崇训在光天化日之下炫耀他的父亲武三思，夸耀他是驸马都尉，李隆基不由得心中怒气冲出，火冒三丈。

武三思是则天皇后的亲侄儿。在武则天一心要建立武周朝代时，武三思被封为梁王，这是一等亲王爵位，显赫仅次于太子；但是，武三思仍不满足。他想方设法策动则天皇后立他为太子，因此，李弘、李贤被逼致死，李显、李旦被贬谪幽禁，都和他的谗言离间有着直接的关系。幸亏当时的宰相狄仁杰在则天皇后面前说了一句非常有用的话："自古以来，只见儿子为母亲主祭祀，没有见过侄儿为姑母立家庙的。"这才打断了武则天改朝换代让侄儿继位当皇帝的念头。但是，李显当了皇帝之后的第一件大事，就是把武则天身边的侍婢上官婉儿纳为妃子，而上官婉儿早已经与武三思有了私情。经过上官婉儿的说情，李显只是把武三思降封为德静郡王，仍旧允许他进宫走动。谁知，武三思在宫中并不安分，却与韦皇后有了私情，公然坐在御榻上与韦皇后打起双陆来，而李显却坐在一旁给他们计算输赢筹码。最近，他的儿子武崇训又被中宗皇帝的爱女安乐公主招为驸马。而安乐公主却依仗中宗皇帝的宠爱，也妄想立为皇太女继承皇位，千方百计地打击李氏宗亲。真是旧仇未报又添新恨，李隆基如何能容忍得下。

愤怒满腔的李隆基，拍马闯入了球场当中，大声喊道："武崇训，你为何把你父亲的爵位降了一等！他不是前朝的梁王吗？"这一句讥讽的话语，使场内场外的知情人无不哈哈大笑。羞得武崇训脸上一阵红一阵白。正在此时，一个马球子儿滚到了李隆基的马前，李隆基顺手从马鞍桥上取下了球杖，挥臂将球子儿打入了球门；并举起球杖，绕场纵马，高声喊道："高宗天圣皇帝之孙，安国相王之子，临淄王李隆基得了一筹。"话音刚落，球场内外齐声高喊："这是真正的龙种，大唐王朝的嫡亲后代。"

李隆基就是为了在球场上逞一时之快的一句话，得罪了武三思。

这武三思在韦皇后面前告了一状，致使李隆基被贬到潞州当了别驾，受苦一年有余。

在大明宫麟德殿上，李隆基朝见了中宗皇帝和韦皇后。中宗皇帝见李隆基身材壮实，精神饱满，甚为高兴。说："外府州县生活虽然苦了一点，倒也是锻炼人的地方。一年多不见，三郎比以前更壮实了。三郎平时在郡中都做些什么事？"

韦皇后这时插嘴道："三郎是个本分人，在郡中就是忙着打球、狩猎，还娶了一个如花似玉的赵姬。日子过得舒心，人长得壮实，连京城也忘了。"

李隆基忙回奏道："潞州打马球的风气很盛，侄臣很打了几场好球。京城是侄臣的家，怎能忘了？侄臣时时挂念着二圣的身体福安。"

唐中宗最喜欢的娱乐就是打马球，近几年岁数大了，上不得球场，便喜欢看马球赛。听说李隆基在潞州常打马球，中宗高兴地说："三郎原来马球就打得不错，这一年多定然又有长进了。武二郎在北方生活了几年，马球打得好极了，骑术也长进不少，等几天，你们在一起练习练习，和羽林万骑球队比赛一场，朕要亲自来观看。"唐中宗说的武二郎便是武延秀，是武三思的侄子，曾以和亲使者的身份在突厥居留了三年，所以骑马打球都十分纯熟，身体也健壮威武，得到了安乐公主的欢心，在武崇训死后被安乐公主招为驸马。

李隆基道："侄臣的马球没什么大的长进，怎能和武二郎同场打球。在潞州城侄臣就听说武二郎是马球场上的高手。"

侍坐在皇帝和皇后身旁的安乐公主听了咯咯大笑道："三哥真会谦虚，还说球技没有长进，都能用球杖打兔子了。这样的打球本领谁还能敌？二郎哪是三哥的对手？"安乐公主的话说得李隆基心里一沉。她们母女的话明显暗示他，自己在潞州城的一举一动都在她们的监视之

宋《明皇击球图》

中。今后，在长安城更逃脱不了她们的监控，一切言行需要小心谨慎。

中宗皇帝愕然道："怎么会用球杖打兔子呢？这是什么新兴的活动？"

李隆基忙回奏道："因为赵姬在途中生病，佅臣住在清谷驿没什么事干，怕打猎惊动地方，便带着几个随从到郊外打兔子，用的就是马球杖。"

中宗皇帝听了哈哈大笑："这到是个很有意思的玩法，哪一天朕也去试试，打来的野味一定更好吃！"

李隆基回到长安城　仍住在兴庆坊的临淄王府中，除了和武延秀等贵族打球、斗鸡、狩猎之外，便是闭门谢客，深居简出。但是他的耳目并不闭塞，尚衣奉御姜皎，不断地向他通报宫中消息，并替他联络朝中忠心于李氏王朝的有识之士。随从王毛仲，以原是边将的身份和羽林万骑的军将们亲密交往，以骑射打球等手段结交朋友。复杂的政治斗争在暗地里缓慢地进行着。突然，姜皎从皇宫中传出来了消息：中宗皇帝任命韦皇后的侄子韦播为左羽林卫大将军，任命安乐公主驸马武延秀为右羽林卫大将军，统率护卫皇宫的左右羽林万骑。这说明韦武集团开始抢夺武装力量，为他们的政变做准备。

据王毛仲在羽林万骑军将中探听到的消息，左羽林万骑军将对韦播毫不理睬，说他凭什么来指挥皇家的羽林军；右羽林万骑军将则对武延秀抱有好感，因为武延秀的骑术精良、马球打得好，经常和军将们一起打球，羽林万骑军士都佩服他。

姜皎说："在这场李氏王朝和韦武集团的斗争中，羽林万骑力量偏向哪边是决定性因素。而在当前争夺羽林万骑领导权中，打马球本领又成为重要的手段。只要三王爷能和武延秀对抗，在马球场上压倒他的威风，就能使羽林万骑倾心于李唐王朝。"

贵族马球队是长安城中最有实力的球队。队中除了李隆基、武延秀之外，还有嗣虢王李邕，他是已故章怀太子李贤的大儿子，李隆基的堂弟。还有驸马都尉杨慎交，他是韦皇后长女长宁公主的夫婿，武延秀的连襟。如果从政治上来区分，恰巧是两个姓李的人，两个姓韦的人。不过这个姓李的嗣虢王李邕，虽然曾和李隆基同被幽禁在宫中共度过患难，但是，在中宗皇帝即位之后，他便和韦氏联姻，娶了韦皇后的侄女为妻，不仅处处事事听从韦氏指挥，就是在球场上也捧着他的小妹夫武延秀。李隆基自从潞州回来后便小心翼翼，委曲求全，不敢多事；在球场上也不逞强夸能，总是把打球入门的机会让给武延秀，因此每次贵族马球队获胜，都是武延秀出足了风头。姜皎说："三王爷必须抓住机会，在朝臣、羽林万骑的面前显示一下王爷的威风。让众人都明白王爷是个文武全才，大智大勇的人。"李隆基听后点了点头。心想，这事只能耐心地等待，不可强求，要有一个合适的机会。

很快，这机会就有了。

景龙三年七月，中宗皇帝应允了吐蕃的求婚，以雍王李守礼之女为金城公主，下嫁吐蕃的赞普弃隶缩赞。十月，弃隶缩赞派遣大臣尚赞咄率领一支庞大的迎亲队伍到长安城来迎接金城公主。在这支迎亲队伍中便有一支马球队，是由草原上最强悍的人和马组成的。他们在球场上驰骋，快似追风，捷如闪电；来到长安城第一场马球赛是与唐朝的左羽林万骑队比赛。左羽林万骑队很快便败下阵来。中宗皇帝看了十分不满，立即颁旨，令右羽林万骑队迎战，右羽林万骑球将陈玄礼接旨后不敢怠慢，亲自率队上场。大概是赢球心切，对吐蕃球队估计不足，球打得很不顺心，结果又输了第二场。唐中宗看了怒不可遏，亲自手书圣旨：令临淄王李隆基、嗣虢王李邕、驸马都尉杨慎交、武延秀四人组成唐朝贵族马球队，明日巳时在大明宫梨园亭子球场与吐蕃马球队比赛。朝中三品以上大员入宫观看比赛。此旨一下，满朝惊喜。

梨园亭子在大明宫东北角凝云阁前，马球场就在亭子下面，坐在亭子里可以俯视整个球场。这里靠近宫门，朝臣可以方便地进宫看球，皇帝皇后也用不着摆驾出宫，每逢朝中有大的马球比赛都是在这里进行。

天尚未过正午，人们就早早地来到了球场，按品级坐在他们的规定座位上。唐中宗、韦皇后和安乐公主等人是坐在梨园亭子的御座上。未时三刻，两队球员上场，一个骑马内监手捧金盒，从亭子前奔到球场中间，揭开金盒，取出一个朱红色木漆球子儿，用手抛向空中，待到球子儿落地，两队骑手便纵马奔驰，开始了拼抢争夺比赛。吐蕃队在连赢了两场之后，气势正旺，开赛之后便快速奔驰，不断地发动攻势，但是，球到了前场都被李隆基、杨慎交给堵截破坏了。他们两人是人巧马快，十分灵活，站位恰当，挥杖快速，不断地夺下飞过的球子儿，瓦解吐蕃队的攻势。几个回合之后，吐蕃队的气势慢慢减弱了。这时唐朝贵族队却活跃起来。李邕和武延秀在前场交叉掩护，创造机会，李隆基不失时机地一个大打，把球传到了前场，球子儿飞到门前。武延秀的马也恰好驰到，只是轻轻一击，那球子儿便应声打入球门，夺了头筹。如此巧妙的配合，又是大鼓士气的头筹，使场外观众如痴如狂，鼓噪欢呼之声经久不绝。韦皇后和安乐公主在亭子上更是得意洋洋。安乐公主忙斟了一杯酒奉献给中宗皇帝，说："二郎不愧是皇帝的女婿！他为大唐王朝争得了头筹荣誉。"唐中宗捋须微笑："这一记妙射，也多亏三郎的巧传。"

唐朝的马球赛最看重的是头筹，武延秀出乎意料地打入了第一球，使吐蕃队有些慌了手脚，乱了阵势，被贵族队抓住时机，左右进攻射门，连连得手，赢了第一都（唐代球赛的一都即一局，先打进十二个球者即满了一都）。在这十二个进球中，武延秀射进了六个，李邕射进了四个，李隆基只射进了两个。第一都赢了之后，武延秀趾高气扬，策马绕场一周，高举起手中的球杖向朝臣和羽林万骑军士致意。

第二都开始，交换场地再战，吐蕃队这次改变了战术，以防守为主，而且是重点盯住了武延秀和李邕，使他们的进攻掩护极为困难。李隆基多次传出好球到位，武延秀却被吐蕃队两骑夹住，总是慢了一步，接不住球，使进攻机会落空，迟迟不能破门。吐蕃队虽然是用的防守战术，但是，对李隆基却是盯得不紧，以为他只能传球不会进攻。这时，李隆基在后场恰巧夺得到球子儿，看似要挥杖传球，谁知他却一抖手腕，改大打为轻击，闪过了对手，带球纵马向前，另两名吐蕃队员紧紧盯住武延秀和李邕，不敢放松，眼睁睁地看着李隆基带球至球门前，将球子儿打入空门。这么轻松地打球入门，使场外观众意想不到，一时间竟然没有反应。直到梨园亭子前鼓乐声大噪，日月架添上了贵族队的一筹，观众方才醒悟过来，是临淄王打进了头筹。霎时间，场外观众，万人齐呼，欢声雷动。

李隆基带球射门技术如此高超，使吐蕃队不得不另眼看待，专门派人防守，并在后场设置流动防守队员。待到李隆基第二次闪过防守队员带球前进时，另一名防守队员便不顾性命地策马向前，拦在李隆基的马头前。眼看两马冲撞必有死伤，只见李隆基高挑起球子飞向空中，却勒住了马头，那马前蹄欤起，用后蹄站立，原地转了一个身，吐蕃队员的马就在李隆基马腹下穿过，避免了一场撞马事件。李隆基待坐骑前蹄落地，立稳之后，却伸出球杖接住了空中落下的球子儿，挥臂大打，将球子射入了球门。这一挑球过人的技术，立马避人的骑术，都是马球场上的高招，俗称"挑帘入室"，没有几年的球场功夫是练不成功的。吐蕃队员是第一次见此绝技，惊得在球场上是目瞪口呆，立马不动。唐朝文武百官以及羽林万骑，虽然知道李隆基在球场上有颇多的绝技，但今天见他运用得如此巧妙，真是大饱眼福，不由得欢腾雀跃，鼓劲高呼："临淄王！好样的！"唐中宗在梨园亭子上也禁不住高声大呼："这样的好球，值得干一杯！"于是自斟一杯，一饮而尽，回头向安乐公主道："三郎真是球场上的高手！李家的好后代！"

坐在梨园亭子客位上的吐蕃大使尚赞咄，这时也伸出了大拇指向鸿胪寺卿说："临淄王是球场上的真正赞普。整个球场形势都在他的掌握之中，任他随意摆布。"赞普在吐蕃语中是英雄的意思。吐蕃称其国王为赞普，其用意便是说，只有真正的英雄才能是一国的统治者。李隆基连进两球打乱了吐蕃队的防守战术，更打垮了吐蕃队的作战意志，很快便赢下了第二都。在这一都里，李隆基一人独进八球。

唐朝贵族队战胜了吐蕃队，而且是以悬殊比分获得胜利，为大唐王朝争回了荣誉。全体朝臣和羽林万骑的军将，都看到了临淄王李隆基在球场上风驰电掣、所向无敌的雄姿。左羽林万骑球将葛福顺，右羽林万骑球将陈玄礼，心里更加明白，在这场马球比赛中所含有的政治因素，较之马球比赛的胜败更为复杂，只有像李隆基这样有大智大勇的人，才能运用自如。

后来，葛福顺和陈玄礼都暗中和临淄王李隆基往来，听从他的指挥。到了景龙四年六月，韦武集团和李氏王室的矛盾尖锐化，韦皇后和安乐公主合谋毒死了唐中宗，发动宫廷政变。姜皎自宫中及时通报了消息，李隆基派遣王毛仲联络左右羽林万骑，亲自率领军队杀入宫中，处死了韦皇后、安乐公主、武延秀等人，平定了叛乱；拥立安国相王李旦为皇帝，是为唐睿宗。又过了两年，唐睿宗把皇位传与李隆基，是为唐玄宗，又称为唐明皇。开创了三十年大唐"开元盛世"的繁荣时代。

　　本文系根据唐代封演撰《封氏闻见记》卷六："景云（龙）中，吐蕃遣使迎金城公主，中宗于梨园亭子赐观打球。吐蕃赞咄奏言：'臣部曲有善球者，请与汉敌。'上令仗内试之，决数都，吐蕃皆胜。时玄宗为临淄王，中宗又令与嗣虢王邕、驸马都尉杨慎交、武延秀等四人敌吐蕃十人。玄宗东西驱突，风回电激，所向无前，吐蕃功不获施，其都满。赞咄，此云仆射也。中宗甚悦，赐强明绢数百段。"编写成为故事。

（原载《体育文史》1994年第6期）

球 场 锄 奸 记

书桌上残烛的火焰跳动着，一阵微风从窗棂中吹进。火焰倾斜了，蜡泪顺着烛身向下流淌。王俌坐在书桌前，两目发呆，望着烛光。他的心就像这残烛的火焰一样，不停地被窗外的微风摆弄，激烈地跳动着。

回忆这半生的经历，也就像这火焰一样，富有戏剧性的变化。

二十三岁那年，王俌在长安城考取了明经科。这在一般读书人的眼里也算得上是扬眉吐气、出人头地了。但是，王俌并不觉得满意，因为在唐代，明经科并不是读书人最荣耀的出身，进士科才是才学之士追求的目标。当时流传着两句俗语："五十少进士，三十老明经。"五十岁的人考中进士还不算老，三十岁的人考中明经已经算是很迟了。他这个二十三岁的明经虽不算是很老，但在社会上的地位并不很高。以这样的声望才华，在天宝初年人才如林的京城中与别人竞争，恐怕永无出头之日。在衡量了前途得失利弊之后，王俌毅然离开了天子脚下名利场的长安城，投奔到西北的边疆，在范阳节度使张守珪的麾下当上了一名记室。靠着他祖父王方庆与张守珪的旧交，虽不显眼但却十分重要的记室，在边防军队中也是有一定地位的。如果是在太平年代，边境安谧无事，从一个记室要爬上三品、四品官员的宝座，恐怕是要熬白了几千几万根头发、耗费掉七八千根蜡烛也难以达到。得亏好大喜功的唐玄宗，经常在边境内外制造一些事端。主帅张守珪对王俌又十分信任，多次谎报军情，夸大战功，都把王俌的名字列入叙功议赏的名单之中。王俌又多处活动托人说情，得到了破格任用的保举。于是他从一个摇笔杆子的文人，一跃登上了常山郡太守的位置，也算是一个穿红袍的四品大员了。

一个月之前，安禄山和史思明举兵反叛，很快就席卷了河北诸郡的县城。当"安史"叛军把主力兵锋集中到进攻洛阳城的战场上时，这个小小的常山郡便被遗落在叛军占领的后方，未遭到重大的打击，还保留了三千人马。就在此时，朝廷任命李光弼为河北兵马招讨使，到敌后来组织抗战武装。凭着王俌手中没有溃散的兵马，还有一座没有失陷的常山城，李光弼到了河北，便以朝命封王俌为河北兵马招讨副使，兼任常山郡太守，并戴上了金紫光禄大夫的头衔，脱了红袍换上紫袍，坐上了正三品的大员。这一级的擢升，在平时是需要好几年的时间，经过两三次考核优等才能得到的。想不到，他王俌一夜之间便到了手。但愿皇天有眼，"安史"叛乱能够早日平定。他这个坚守敌后的抗战重臣，近水楼台得以进军幽燕，直捣叛军老巢。一旦得了首功元勋，还怕弄不到一个节度使的二品大员吗？到那个时候进京朝圣，就可以大出风头了。谁知战争的形势发展，并不如一般人所料想得那样顺利。唐朝军队中竟然没有一支能够阻止得住叛军进攻的。继洛阳失守之后，潼关也岌岌可危。前天有密报消息传来，哥舒翰率领的唐朝二十万大军已经被击溃，哥舒翰本人也被俘虏。叛军的主力已经越过潼关，杀向了长安城。大唐王朝的天下已经危在眼前，又将会发生一次改朝换代的革命了。"安史"的大队人马一旦拿下了长安城，明正言顺地登基皇位，焉有不回过头来整顿后方之理？到了那个时候，他这个小小弹丸之地的常山郡，没有后援支持的三千兵马，岂不是要被压挤得粉碎如泥？"君子贵知机"，大丈夫就是要顺应天命，乘时而起。大唐王朝有多少皇亲国戚、达官贵人都投降了，他王俌岂能为了一身紫袍而断送了自己的性命，成为唐王朝的殉葬品？在和几个心腹人员反复计议利害之后，王俌便写了一封情词恳切的乞降书，派遣帐前心腹中军乘骑快马于前天送往幽州城史思明的驾前。预计时间，今天该是赶回来的时候了。怎么到现在还不见他们的身影呢？莫非是出了什么意外之事？被李光弼元帅的巡逻军卒查获了？还是史思明搭架子不答应我的投降条件？处在这种局面，生在这种时候，真是心急如焚，度日如年！

随着一阵紧促的脚步声，帐幕的门帘被掀开了，闯进来了几条壮汉，带进来一股冷风，差一点把残烛的光焰扑灭了。到幽州送信的中军回来了。王俌霍地从椅子上跳了起来，迫不及待地问道："事情办得怎样？"

"大喜，大喜！"送信的中军来不及行礼，便眉飞色舞地说开来："史副帅盛宴款待了我们，称赞将军行事英明，是河北的首义将军。一定要上报给安大皇帝请赏。史副帅说，暂且委任将军为信常节度使，这是暂时的，待国家大事成功之后必定还有重赏。"

送信的中军从怀中掏出了史思明的回信，双手递给王俌。展开了一张黄麻纸，只见上面写了二十八个大字，"任命王俌为信常节度使。望早日申明大义，即派大军前来策应。史思明。"

王俌看罢史思明的回信后，乐得一下子瘫在椅子上。节度使的头衔比他预料的时间来得还早。呆了好一会儿，他把手一招，吩咐随从："拿酒来，好好庆贺一下！咱们今天要痛快的乐一乐，一醉方休。我早就给你们说过，跟着我王俌总会有出头之日。我王俌飞黄腾达了，不会忘记你们的功劳。现在，你们合计一下，谁该干什么职位，谁该当什么官，我要论功行赏，写保举文书。"

几个心腹听了王俌说出如此话来，一个个都兴奋得脸红脑胀，两眼流泪。有的自荐要当兵马使，有的想当州的别驾，有的人说话还有点吞吞吐吐，那意思是明白的，叫王俌把太守的位置让出来，专当节度使，让他来尝尝四品黄堂的滋味。三杯烧酒下肚之后，半醉半装，说话更加语无伦次了，什么争功讨赏的话都说了出来。在王俌的心腹之中，有个叫罗千恩的，他的头脑比较清醒，事情成败尚未可知，怎么能沉醉在庆功的欢乐之中呢？他满斟了一杯酒，恭恭敬敬地送给王俌。"庆贺将军大功即将告成。不过，智者千虑还有一失。将军此举是否能得到全城人民的拥护？在常山郡三千兵马之中，是否还有人不听将军的命令？如果举义之事稍有停缓，史副帅的大兵在一两天之内不能赶到，那时将军该怎么办？"

一席话说得王俌的酒醒了一半，欢笑的面孔立时阴沉下来。他一直是干幕府工作的，太守的职位还能勉强应付，军队里的事就完全不懂了。罗千恩的话说得有道理，兵荒马乱，是抵抗，是投降，完全靠的是掌握军队。军队是实力后盾。军队能否跟他走，他确实没有把握。几个心腹翻来覆去地研究了一下，其它的军将还能够控制得住，只有都指挥使宗仙运是个铁铮铮的硬汉子，恐怕不会顺顺当当地听王俌指挥，带着军队去投降史思明。

宗仙运是常山郡的兵马都指挥使，武举出身，在边疆上一刀一枪立下了战功，凭功绩当上常山郡的军队指挥官。宗仙运为人正直，待人诚恳，武艺高强，在军队中有极高的威信。如果是他不听从调遣，不跟随王俌去投降叛军，这件"举义"大事还真的不好办呢！围绕着怎样对付宗都指挥使的策略，几个心腹人又七嘴八舌地议论开了。有的人主张收买，"人为财死，鸟为食亡"。哪个人不希冀升官发财呢？只要把副节度使的位置让给他，再从府库里提取一部分财帛赏给他，没有不动心的。他一定会感恩戴德，跟着王将军走。第二个办法是调开，明天王傅就以副招讨使的名义调宗仙运去帅府任职，把军队的指挥权交给自己人接替。第三个办法是干掉，想个办法或者是找个借口把宗仙运杀了，军队的指挥权自然而然就会转落到自己人的手里，到那时便没有什么障碍，可以为所欲为了。议论来、议论去，最后大家都一致同意第三个方案，一来是干脆，不要费什么口舌，也不会出什么意外；二来客可让出一个都指挥使的职位，多安插一个心腹。真是一举数得。

方针大计定了下来，接着就是议论办法，如何实施杀害。又是一阵七嘴八舌，各有主张，最后，还是王傅定下了主意，因为他喜欢打马球，谋杀宗仙运的办法就定在马球场上。明天，借阅军的时机在球场上比赛马球。王傅可以故意将宗仙运的马撞倒，那时他的心腹们便可故意放缰纵马，从宗仙运的身上驰过，把宗仙运踩死在球场上。如果此计不成，也可以以宗仙运阻拦王傅马头，以下犯上，有谋杀主帅的嫌疑，立即明令正法。在将宗仙运杀死之后，借此余威，便可以集合全军将士宣布，高举"义旗"，反唐归安。有了杀死宗仙运的权威，其他人便不会反抗，大事一定可成。

众人听了王傅的计谋之后，都哄然叫好。只有罗千恩一个人默然不语。

大事计议已定，富贵就在眼前，众心腹的心更安了，情更乐了，酒也喝得更多了。地上撒满了鸡鸭鱼肉的骨头，残肴剩核摆满了一桌子，残烛的火焰闪耀着微弱的光亮，王傅的脸上满面红光。终南山王道士的话还真有点准头呢！他说我三十五岁以后走眉中运，一定能够发迹，而且是前途无量。现在这话应验了。像我这样年岁就当上独当一面的节度使，在唐朝的历史上还是不多见的。所谓"乱世出英雄"，就是在这种动荡的局势中才能显示出真正本领来的。前几年，我一直懊恼自己没有考中进士科当上翰林，其实，进士、翰林又怎么样？能顶个屁用！开元年间名进士、名翰林还少吗？如今有几个有出息的？有节度使的大权在手，延揽一批人才，造成一股势力，以后的前途就更是不可估量了。汉高祖刘邦是从一个小亭长开始创国立业的；汉光武刘秀原来是个粮食贩子；魏太祖曹操还有个好出身，也不过是个孝廉；宋武帝刘裕就不用提了，是个无赖的赌徒。"将相宁有种邪"！我王侑不管怎么样，还是个明经出身，还是个饱读诗书的士子，只要有机会，哈，哈……一个哈欠连着一个哈欠，王侑沉醉在梦乡之中。

就在王侑梦中得意、酣睡未醒之时，在常山城都指挥使宗仙运的家中，正聚集了常山郡全军的大小头目。罗千恩一五一十把王侑投降史思明的经过，以及明天如何谋杀宗仙运之后，便率领全军出降的事，详细地叙说了一遍。只气得常山城众军将个个咬牙切齿，顿足痛骂。小都头宋彪气性如钢，当即拔出腰中的宝剑，要闯入常山太守的衙门，把叛徒王侑就地正法。

宗仙运站起身来，止住了宋彪，对大家说："要杀死王侑这个叛徒还不容易，只是我们要从大局出发。王侑的叛变行为现在尚未暴露，我们也没有抓住他叛变的证据。他还是我们的太守，还是我们的副招讨使。现在杀死了他，便是以下犯上，违犯军纪。何况我们现在是处在敌人的后方，在敌人的兵力威胁之下，一旦失去了统帅，内部分裂，我们就会失去军心，可能被敌人乘机击溃。我们一定要有个万全之策。依我之见，可以将计就计。如果他没有谋杀我的念头便罢，如果他要谋杀于我，咱们就……"他压低声音，把设想的对策说了个明白。全体军将听了，齐声回答："我们愿听将军的调遣，做大唐王朝的忠臣，绝不跟着叛徒走。谁反叛朝廷，我们就一定杀了谁！"

未时三刻，中军炮响，全城三千兵马齐集在常山城的球场上，等候王副招讨使检阅。王俌这时全副武装，骑了一匹高头大马，在一大群心腹随从的簇拥之下检阅了军队。回到了将台，宗仙运率全体军将上台参见，行了军礼。王俌略说了几句客套话之后，便提起军队的训练之事。宗仙运躬身答道：'军队训练之事，小将从来不敢怠慢。各营每天都列队整伍，只是因为大敌当前，全军没能进行大的操练。"

王俌笑道："我们是处在敌人后方，哪一天不是大敌当前？刀愈磨愈快，兵愈练愈精。军中大的操练是不可荒废的。即以打马球来说，这是训练骑术和砍杀技能的最好手段。本帅在张节度使幕府时就经常参加打马球。我今天能够临阵舞枪，全靠的是在马球场上的训练。咱们今天就开始打一场马球，给全军作个榜样。中军球队和营将球队进行比赛。"

宗仙运抬头看时，只见王俌和他的亲随们都已经在外衣内穿好了球衣，心里明白，他们是作好了准备，要在球场上动手了。忙躬身说道："末将们都未曾准备球衣。"

王俌哈哈大笑："打球是武将本色，随身戎装就好。"他见自己的随从已穿上了球衣，又随口说道："我们中军的官员算是文职人员，应该穿上打球衣。"

随着王俌的笑声，打球的军令早已传了下去，全军在四周站好，腾出了中间的球场。球场两端竖起了一丈多高的朱漆球门，显得巍峨庄严。二十多匹战马被扎上了马尾，防止在比赛中甩尾伤人。两队人员上马来到了球场中间，一颗朱漆球子儿抛在球场中间，常山军的马球比赛正式开始。将台前的战鼓擂响，双方队员往来奔驰争夺球子儿，真正是一场"生死博斗"的球赛。在激烈的争抢之中，宗仙运却只是勒住马头站立在球场中间，并不积极参与争抢，王俌几次想策马冲上前去，马到临近却又勒住了。平白无故去冲撞停住马的人，这种动作太明显了。几个王俌的中军随从也都无心打球，只是策马随着王俌的马后跑来跑去，准备冲撞。对此，宗仙运早已看得明明白白，心里暗暗冷笑。正在此时，营将队里的一名队员策马停止在宗仙运的马前。宗仙运却突然掉转马头，摆脱了王俌的跟随，驰驱向前。另一名营将队员恰好把球子儿传到了他的马下，宗仙运接住球子儿，边驰边击，到了对方的球门前面，一个挥臂大打，那球子儿似流星、如闪电地落到了球门之中。"射中了！射中了。宗都头打进了头球，得了头筹。"球场四周的兵士齐声欢呼。将台前的战鼓擂得震天响。

　　唐代的马球比赛最看重的便是头筹。在朝廷的重大球赛中，第一球是要由皇帝打进的，称为"得头筹"。现在虽非正式大赛，毕竟是上下级之间的比赛。头筹竟然为宗仙运所得，获得全军的欢呼，使得王俌更加恼火。想不到，此时却让宗仙运出了风头，得了军心。不能再拖延下去了，否则，中军队会连连输球，军心就更无法收拾了。他不顾一切地策动身下坐骑，紧跟在宗仙运的马后，准备向他的马冲撞。听到身后

辽陈及之绘《便桥会盟图》

的马蹄声，宗仙运知道是王俌的马已接近自己的马后了，便从衣甲内抽出匕首，反身将自己马的尾结割开。那马久经结尾，一旦被松了束缚，是何等的欢畅！连连甩动尾巴拂击腹背，恰好此时王俌的马正在宗仙运的马后，马尾一左一右都甩打在王俌的坐马眼上，那马眼被甩痛了，一下子扬起了前蹄，直立了起来。王俌一心只想着追赶宗仙运，冲撞他的马，没有料到自己的马会受到惊吓直立起来，猝不及防，一下子被摔下马来。王俌的中军亲随，看到王俌紧追着宗仙运，知道就要实现预定计谋把宗仙运冲撞下马了，便紧紧跟随在王俌的马后奔驰。谁知掉下来的不是宗仙运而是王俌，而且就掉在他们的马前，一时勒马不住，一个个都驰马从王俌的身上踏过。场上的营将队球员，见王俌落马，知道大事已遂，一面大呼"副帅落马了"，但却并不下马来救护，也策马从王俌的身上驰过。只一刹那时间，落马的王俌就被十几只奔马的铁蹄践踏得尸骨如泥，到阴曹地府去实现他的黄粱美梦了。

王俌猝死在球场之上，不仅使全军目瞪口呆，也使他的中军亲随个个惊惶失措。因为王俌落马是他们首先从王俌身上驰过的，追究责任，他们是无法推委的。这时，宗仙运不仅不责怪他们，反而前来安慰说："事已至此，完全是意外的事故，是副帅的骑术不精，不能责怪任何人。此事我们将上报朝廷，给副帅请求恤典。现在大敌当前，我们应该有一个自保之策，军无统帅，必然溃乱。此事必须迅速决定。"

罗千恩应声说道："宗都头宽宏大量，不追究我等失护之责，感激无尽。事态紧急，宗都头便是一军之主，现在责无旁贷，应负起指挥全军的责任。"

众营将在一旁都齐声附和："事出意外，应急之法，只有请宗都头任指挥之职，再上报朝廷任命。"

王俌几个中军亲随也无话可说，只能顺随众人："宗都头就任指挥之职，是再合适不过的了"。

　　恰在此时，一骑探马，流星似地驰到球场，飞报紧急军情。东门外二十里处发现了幽州史思明的叛军军队。宗仙运立即升坐将台，集合全军，宣布了敌情，并大声命令道："王副帅不幸在球场上遇难，虽不是死于战阵，也是为国事勤劳而牺牲。我们一定上报朝廷，给予优厚的恤典。现在大敌当前，众军将推举我做指挥。我们一定要团结一心，御敌立功，杀敌报国，誓死保卫常山城，为大唐王朝尽忠。"

　　史思明紧催叛军赶到了常山城下，本想里应外合接应王俌投降，唾手拿下一座常山城。谁知他来到城下，只见城门紧闭，城上刀枪如林，旗帜招展，一面绣着"唐"字的五彩大旗迎风飘扬。彩旗下站立着宗仙运，全身戎装，神采奕奕，拱起双手向史思明说道："对不起，叛军元帅，你来迟了。常山城是大唐王朝的，常山人民永远忠于大唐天子。叛徒是不会在这里得到什么好处的。"

　　本篇系根据《资治通鉴·肃宗纪》："河北诸郡犹为唐守，常山太守王俌欲降贼，诸将怒，因击球，纵马践杀之。时信都太守乌承恩麾下有朔方兵三千人，诸将遣使者宗仙运帅父老诣信都，迎承恩镇常山。"

　　《新唐书·王縡传》："俌字灵龟，明经，调莫州参军，辟范阳节度使张守珪幕府。……安禄山叛，拜博陵、常山二太守，副河北招讨。卒，赠太常卿。"编写成为故事。

（原载《体育文史》 1984年第6期）

马球将苏佐明

公元827年，也就是唐敬宗宝历三年，大唐皇宫中发生了一件大事，马球供奉苏佐明、石定宽等人杀死了昏庸皇帝唐敬宗李湛。由于苏佐明杀死皇帝和宦官的争权夺利纠缠在一起，被封建文人加以弑君恶名，使后人对这次事件的是非曲直认识不清。笔者钩稽史料，寻根求源，略述梗概，还事件以本来面目。

公元825年正月，唐朝第十二代皇帝穆宗李恒驾崩了，年仅三十岁。李恒是在与内园供奉一起打马球时，他的乘骑五花骢被球子击中，受了惊，李恒控驭不住，掉下了马。他自己也因惊吓而中风昏迷，三天之后便驾崩宫中。李恒的死，引起种种猜疑。有人说是枢密副使王守澄等人因治病心切，进了道士炼的金石药，才使皇帝一命呜呼的。事情的真相如何，掌管皇帝内府事务的太监刘克明心中最为明白。但是，皇帝确是非正常死亡，必须要有一个顶罪的祸首。于是，内园供奉张舜便做了替死鬼。说是张舜在打球时冲撞了皇上的马头，才使皇上掉下马来受惊致死。

李恒的长子李湛年方十六岁，是为唐敬宗。即位的第三天，李湛便在麟德殿球场举行了一场马球赛。陪伴皇帝打球的都是内园的马球供奉。李湛在球场上驰驱纵横，满场飞奔。同队的人得到球子儿都要传给他。对方看他带球飞驰过来也都忙着避让，恐怕撞了他的马头。只一刻钟时间，李湛就打进了三球。殿前观看的内监齐声叫好，三呼万岁。御阶的筹架上早就插上了三面红旗。李湛好不得意，当了皇帝打马球和当太子时打马球就是不一样！人人都要来捧场，唯我是尊。就在此时，李湛又得到了同队供奉苏佐明传来的好球，并且是在一旁护卫着他带球前进，他挑起球子儿飞奔向前。但是，由于他的带球技术不甚高明，一心只注意了球杖上的球子，却管不了身下的坐骑。那玉龙驹就任着性儿狂奔，认定了对方石定宽的黄骠马冲了过去。自从发生了唐穆宗掉马、张舜被杀事件之后，所有上球场陪皇上打马球的供奉都提心吊胆，不敢大意。谁知越是怕事越会出事。石定宽的黄骠马眼看就要被玉龙驹撞上。要知道，两马相撞，必有所伤害。就在这千钧一发之际，苏佐明飞马向前用球杖猛力一戳黄骠马的脖子，那黄骠马长嘶一声扬起了前蹄，李湛的玉龙驹却从黄骠马的腹下穿了过去。一场危机化作了平安。听到马嘶声，李湛才抬起头来观看，杖上的球子儿早已掉落在地。苏佐明紧跟向前抄起了球子儿打向空中。那球恰巧就落在李湛的马前。李湛大喜，挥臂一个大打。球子应声打入球门。场内场外都齐声喝彩："好球，万岁！万岁打了一个好球！"殿前的羯鼓猛力敲了三通响后犹不肯停歇。李湛好不得意，想不到自己能打出这样的好球。他勒住马头问苏佐明道："你叫什么名字？是几品供奉？"苏佐明忙滚身下马回奏道："小人叫苏佐明，现吃六品俸禄。""好，你的球技骑术都不错，告诉枢密使，从今天起你就享受四品供奉待遇，可以穿红袍了。"苏佐明立即叩头谢恩。

回到内园，众供奉都向苏佐明祝贺，第一次和新皇帝打球就有如此恩遇，今后的前途更是无可限量了。石定宽忙把苏佐明按在座椅上坐

唐马球纹铜镜

定，纳头便拜道："苏大哥，你是我的救命大恩人。没有你那一球杖戳我的黄骠马，我是死定了。今后我一切听从你的吩咐，绝无二话。说句掏心窝子的话，刘大人曾传话给我，对苏大哥要多加小心，说你是淄博军的逃犯，在球场上曾企图造反杀死节度使李师古。现在经此一事，你救了我的性命，也救了大家，我们都是相知了。"

听了石定宽的话，苏佐明微微一笑道："咱们是球场兄弟，患难与共，理应互相帮助，说不上什么大恩大德。我在淄博球场上确实曾想过杀死节度使李师古，他残暴害民，逼得我父母屈死，兄妹离散，不杀他不解我的心头之恨。"

"这事过去就算了，苏大哥不必再介意。你现在已是四品供奉，刘大人会庇护你的，李师古也奈何不得你。"

光阴荏苒，转眼已是柳绿桃红的三春时节，这时的新皇帝李湛却又迷上了捉狐狸，天天夜晚随着王守澄等人到郊外去捉夜狐。皇帝不召唤打球，内园的马球供奉便没有事干，闲着无聊，石定宽拉着苏佐明说："苏大哥，走，到城外去散散心，人都说仙都观里来了个神人。"

"什么神人？"

"仙都观来了个老道，人称苏半仙，看相占卜，能知过去，算未来，百验百灵。咱们让他给相相面，看我们都能当上个节度使吗？"

苏佐明笑道："想不到小兄弟你还有这样的大志向。"

苏佐明和石定宽两人换了便装，骑了飞龙厩中的骏马，驰向城东的仙都观。仙都观的香火道人见两人服装华丽，骏马名贵，不敢怠慢，连忙让进客房坐定，禀报师父苏半仙接见。那苏半仙眉目清朗，长髯拂胸，真正是仙风道骨。见面之后，通了姓名，那苏半仙先是吃了一惊。他久历江湖，熟谙人情，早已从二人的举止中看出他们是皇宫中来的贵人，忙奉茶款待。一盏茶过后，石定宽取出相金，请苏半仙为他二人看相，占卜未来的休咎。苏半仙仔细端详了苏佐明一会，便对他的身世心中有数了。"细看尊官日角发暗，幼年之时曾遭遇厄运。父母被逼而死，兄弟离散，兄妹不得团圆。"

不等苏半仙的话说完，苏佐明一下子跳了起来。连忙说道："道长真是半仙之口，过去的事，真是如此。只不知今后的命运如何？兄妹们还有团圆之日否？"

苏半仙沉吟了一会道："尊官双眉剑扫，两目清朗，壮年发迹，前途无量。天道无私，长佑善人。只要尊官广结善缘，自能逢凶化吉，事事如意。"

苏佐明听了这话忙躬身道谢："道长金玉良言，小人谨记在心。"

日转月往，夏去冬来，石定宽常去教坊司里看杂技艺人的表演。他爱上了教坊司的缘竿少女翠翠，只要是有空闲时间，就往教坊司里跑。回来后便向苏佐明述说翠翠的事，苏佐明笑他有点发痴。石定宽沉醉在爱河之中。苏佐明闲逛时没有了同伴，便一个人经常去访问苏半仙。两个人谈得十分投乱，在知交之中仿佛还有一种亲情，相见恨晚。苏佐明向他说了心中的郁闷，确如苏半仙相面时所说，他的父母是被迫害而死。兄妹们也因为贫穷而离散。造成这一苦难的罪魁祸首就是淄博节度使李师古。是李师古的军队烧杀抢掠，害死了他的父母。为了报仇雪恨，苏佐明练成了马球场上的高超技术，想借打马球的机会杀死李帅古。谁知他未能如愿，这才逃到京城里来，找了一个能制裁节度使的豪门作靠山。哪里知道，朝廷上的大官管不了节度使；内廷的宦官又不愿意管。他虽然是皇帝内园中的四品马球供奉，却只能陪着皇帝游乐，关于政事的话一句也说不上，真是满腔的悲愤无处发泄。

听了苏佐明的倾诉，苏半仙沉思良久，亲切地道："苏大人，你这颗心是金子做的。可是你太年轻了，贫道比你痴长几岁，说句不知高低的话：你就是拼了一身性命杀死了李师古，这天下就太平了？你兄妹就能团聚了？依贫道之见，眼下你万万不可轻举妄动，要保重自己。将来或许能有兄妹团聚之日。"说完之后，竟然落下了几滴伤心的眼泪。

十二月的夜晚，北风呼啸，夜黑如墨，内园突然传来了李湛的圣旨，命令马球供奉都前去麟德殿见驾。众供奉纷纷议论，如此黑夜，还能打球吗？待苏佐明等来到麟德殿，只见球场上一片辉煌，四周燃起了几百支手臂粗的蜡烛。小皇帝李湛在殿上和刘克明、王守澄等人正饮酒作乐。看见马球供奉到来，李湛立即跳下大殿，跨上了他那匹玉龙驹。小皇帝又要亲自上场打球了，要以夜作昼寻欢作乐。在这样的黑夜里，虽然有几百支灯烛照明，且场地宽大，视野难以广阔，如何才能控好制球马，侍候好小皇帝呢？苏佐明低声向石定宽等人吩咐道："你们在球场中间都少跑动，让我侍候皇帝打球。"

开球之后，众供奉都小心翼翼地紧勒马头，慢慢地跑动。李湛见此情景甚为得意。他放开了马缰，在球场上风驰电掣，纵情奔跑，并大声呼叫着："你们都是胆小鬼，不会打夜球，连拦击也不敢？谁不放开马来打球，我就杀了谁的头！"看来，只是敷衍周旋是不行的了，苏佐明便策马向前，虚作阻挡，实际上还是要放李湛的马过去。李湛一连打进两球之后更加得意了，大声叫道："你们这些马球供奉，都是白拿俸禄的人，一个球也打不进！"他满场飞奔，乱挥着球杖，大喊大叫。众供奉不敢故意避让，又不敢真心阻拦，只能跟着皇帝的马跑来跑去。不知是有意还是无心，李湛竟然挥动球杖打在苏佐明的铁青马身上，黑暗之中，苏佐明猝不及防，被惊马疯狂地带向球门，左腿碰上了球门柱，虽然没有落马，却听"咔吧"一声，折断了他的左腿腿骨。

苏佐明受伤之后，李湛依然不肯住手，在其他人陪伴下，直到打满了一"都"（进了十二个球），才算过足了球瘾，扔下球杖，跳下玉龙驹。回到殿上，李湛大声嚷道："你们看，怎么样！朕的球技比他们都强吧！能当上个够格的马球供奉了吧！"王守澄笑着上前搀扶着李湛走上御座："陛下的球技岂止是只当一名马球供奉，如果朝廷的科举增添了马球科，陛下一定能考上个状元！"李湛听了哈哈大笑。

打了一场马球之后，李湛的精神更加兴奋了。他传旨内园角抵供奉也来麟德殿球场表演，两个一对地比试相扑，不到摔倒对方爬不起来不准住手。结果，有两个供奉被摔得头破血流。这时已经是夜里二更天，刘克明关心地说："夜已经深了，陛下该加衣休息了。"李湛这时正玩在兴头上："你不知道，朕生来是与夜神作伴的，到郊外捉狐狸朕可以一夜不睡。"并立即传旨教坊司，叫立伎部即刻来麟德殿演出。皇帝发了脾气，内侍更不敢怠慢。教坊司的艺伎从被窝里被叫醒，赶到了皇宫麟德殿球场。一场场歌舞，一项项杂技，都依次演完，最后是王大娘的顶竿。这是教坊司的保留节目。"殿前百戏呈巧新，独有顶竿最出神"。顶竿是教坊司百戏中最新巧的节目，在三丈多高的竿上头，扎了一座殿堂式的舞台，三个少女在这高高的舞台上边歌边舞。翠翠已经是十七岁的少女了，过重的身材已不再适合上竿，但是，教坊司的艺伎中还没有一个人能有翠翠如此美妙的舞姿，能与王大娘配合得如此协调！这是唐代长安城出了名的节目，一直不能换人。今晚，王大娘和翠翠都是从被窝里刚爬起来的身子，在寒冷的北风里，又是漆黑的深夜，虽有几百支火烛照明，但在夜晚的高空还是黑漆漆的。谁都知道，在这样的条件下表演顶竿是在玩命。教坊司主事再三嘱咐翠翠等人要加倍小心。三丈多的高竿已经竖在王大娘的肩上，乐队奏起了《凉州曲》。三个少女依次爬上了高竿，做出各种美妙姿势，到了竿顶舞台上。乐队改奏《霓裳羽衣曲》，翠翠依着节拍缓缓地舒起舞袖，在这朦胧的夜晚，在这飘渺的高空间，真让人以为是有仙女临凡了。以前每逢演到此处，总能博得一片喝彩声，今天，除了麟德殿上李湛几个人的大声喊叫之外，殿下是一片的沉寂。人们的心被这惊险压沉了。正在此时，一阵寒风吹过，一个少女在竿上摇晃了一下，王大娘的眼睛突然被风沙迷住了，没有扶稳肩上的高竿，像大风吹落鸟巢一样，三个少女都从高竿上飘落了下来。那两个少女因体重量较轻受了重伤，翠翠却摔断了脖颈，气绝身亡。

待到苏佐明在太医院苏醒过来的时候，已是第二天的清晨，太医为他接上折断的腿骨，使用了麻沸汤。虽说左腿有点火辣辣的感觉，但心里却十分平静。昨天马球场上除了他受伤之外，其他人都平安无事。这是他最为欣慰的事。每次陪伴小皇帝打马球，他们供奉都是提心吊胆，怕出事情。他受了这点腿伤不算什么，好了之后，照样可以骑马打球。正在想着，石定宽走了进来，一见面便放声大哭。苏佐明安慰他说："兄弟，我的伤不重，好了以后，照旧可以打球，你何必如此悲伤呢？"

石定宽悲愤地喊道："翠翠死了！翠翠摔死了！"苏佐明一下子被惊呆了。原来昨天夜里出事的不只是他一个人！

过了三个月，苏佐明的腿伤早已痊愈，但心灵的创伤却久久难以愈合。为此，他迟迟不肯离开太医院，一直拖到春暖花开、百鸟嘤鸣的时候。因难耐那恼人的寂寞，才返回了内园。谁知，进了内园之后却是一片寂静。马球供奉们都不在园内。小内监告诉他，一个时辰前，全体供奉接到圣旨到清思殿陪皇帝打马球去了，才只走了一个时辰。他去了也有可能赶上打一会儿球。苏佐明久静思动，手痒痒想打球了，便急忙换上球衣，拿起球杖，到飞龙厩里骑上自己的铁青马，飞身向清思殿奔去。

清思殿在大明宫东南角左银台门旁边，和内园正是一个对角线，要穿过整个的大明宫。苏佐明刚刚走到紫宸宫前，只见一群内侍慌慌张张地奔跑过来，口里不停地喊着："不好了！不好了！有人造反了！快关宫门。"

有人造反？是些什么样的人？看看去！苏佐明逆着人流，催马向前跑去。穿过了绫绮殿，只见神策军将康艺全带着军卒横刀跃马地迎面跑来。康艺全看见是苏佐明，吃惊地问道："苏老弟，你怎么还在此地？没有护驾到龙首池去？"

苏佐明却连忙问道："是谁造反？现在都在什么地方？"

"是染织署供人张韶。就是那个被处死了的小内监张舜的哥哥。他带了人由左银台门冲了进来，幸亏刘克明大人当机立断，带了马球供奉护驾到我们的神策营，我立即带了人马杀了进来。现在，大部分反贼都已被杀死在清思殿了，只是还要肃清一些遗留的毛贼。你快到左神策军营去吧！将来叙功的时候也会有你的一份功劳。"

苏佐明听完康艺全的唠叨之后，忽然心动，供人张韶竟然会造反？他要到清思殿去看看。来到了殿前，只见殿上殿下尸体横陈，断戈遍地，血流殷红。苏佐明四处搜寻，只见张韶已经倒卧在殿上血泊之中。他身旁还有一个人，长髯拂胸，正是那个仙风道骨的苏半仙。苏佐明急忙上前看视，见是伤在胸口上，试摸口鼻，尚有余息，急忙上前将他扶起，苏半仙缓缓悠悠竟然苏醒了过来。

苏半仙微睁双眼，看见身旁扶抱他的竟然是苏佐明，急忙用双手紧紧握住了苏佐明的手，气喘吁吁地说："佐明，亲兄弟！我是你哥哥玄明啊！我寻找了你好几年啦！那天我一看见你，就认出了你是我的亲兄弟。我们兄弟在奎山村失散，已有十一个年头了。"

想不到自己敬重的苏半仙便是寻找多年的哥哥苏玄明。苏佐明放声大哭道："哥哥，哥哥！你怎么不早点告诉我呢？我再无能，也可以助你一臂之力，不至于让你落到如此悲惨的境地。"

苏玄明微露苦笑："我一直是在干着这冒险的事，不想让你也卷进来。我想要给苏家留一条根。大事成功后，我再找你，咱们兄弟姊妹团圆。现在不行了。我想告诉你的是，咱们的仇人不是李师古。李师古只是个小魔王。大魔王是住在这个皇宫里最毒狠的皇帝。是他指使那些小魔王杀死了二千万万个善良人民，也杀死了我们的父母和无辜的张舜。你千万要记住这个仇恨。我还要告诉你，咱妹妹也在长安城里，是教坊司里的艺伎，她改名叫翠翠，是一个缘竿女伎。这是我和她分手时留下的表记，半个开元铜钱。你见到她时可以以此作为证明。"

苏佐明听后，捶胸顿足，撕肝裂肺地大叫起来："翠翠是我们的妹妹！你怎么不早点告诉我，她也死了，是叫昏君给害死的！"

"翠翠死了！"苏玄明一下子惊坐了起来。"我早就想到了，我们一家人不会逃出他们的毒手，这个该杀的昏君！"苏玄明双眼紧闭，倒了下去。苏佐明再也呼唤不醒他了。

苏佐明把手中的球杖狠狠地挥舞起来，清思殿上的陈设被他砸了个净光。

张韶事件平定后，论功行赏，刘克明功劳最大，赏戴紫金鱼。这是二品大员的佩饰，在内监中是到顶的职位了。康艺全升任为宣武军节度使，兴高采烈地上任去了。左神策军大将的遗缺被王守澄做了点手脚，由经常陪伴李湛捉狐狸的王守澄亲信马存亮接替了。这样一来，左右两军神策大将都是王守澄的亲信。刘克明成了一个空架子内监，真是把他气得七窍生烟。

李湛在张韶事件之后，并未接受教训，依然是看歌舞、打马球、捉狐狸，而且是对王守澄等人是愈来愈亲近了，因为王守澄能体会小皇帝的意图，百依百顺，而刘克明说话做事却不甚合李湛的心思。刘克明眼看自己的势力日益缩小，小皇帝并不能任他随意摆布，于是在十月中召开了心腹人会议；决定策略之后，又召集了亲信大会。苏佐明、石定宽等人也被召来参加。刘克明满面忧伤地讲述了他们所处的境遇，最后说："弟兄们，咱们都是乘坐在一条船上的朋友了，有福共享，有难同当。现在大难快要来了，改变咱们命运的唯一办法就是杀死昏君，另立新主。"

刘克明的心腹田务程接着说："杀死昏君，另立新主，在本朝宫中可不是新鲜的事。先皇帝穆宗就是误吃了王守澄的金石药而死的。宪宗皇帝是陈弘志有意害死的。顺宗皇帝则是仇士良下的毒手。只要立的新君是自己人，一床锦被什么丑事都能遮盖住。现在的问题是，如何下手，才更加名正言顺些。"

刘克明笑着说："当然是在马球场上了，这是最方便的地方。"说着，眼睛看着苏佐明和石定宽二人。

苏佐明心里明白，利用马球场杀死唐敬宗是刘克明最如意的算盘，如果没有波折，他们可以共享荣华，一旦有了责难，打球供奉便成为替罪羊。刘克明可以安然脱身。但是，他和石定宽是早已经下了决心，要杀死这个昏君李湛，个人的得失已在所不计。他站起身来，笑着说："刘大人待我们恩重如山。这点小事，我们怎能不效力！何况事成之后也有我们的富贵。"

石定宽也站起来说："在马球场上杀死这个昏君，就像杀死一条牲畜那样容易。"

刘克明弑君夺权的大计定了下来，终于在十一月中旬抓住了一个机会，李湛打完狐狸先回到皇宫。王守澄等人尚未赶到。李湛又在麟德殿上宴饮。不过，这一次他不愿意自己上球场打球，只是让马球供奉打球给他看，因此，无法在马球场上动手。田务程把一把匕首交给了石定宽说："到殿上去，用这个家伙干掉这个昏君。"

石定宽摇摇头，笑着说："用不着那家伙！我们打球将爱使用自己手中的武器。"他举了举手中的球杖。

李湛酒喝多了，醉醺醺朦胧起身去上厕所。领路内侍手中的火烛灭了。苏佐明从身后双手抱住李湛，石定宽用手中的球杖猛击李湛后脑。就这么一下，只一点点声息就完成了大事。刘克明立即关闭宫门，宣诏翰林学士路隋、绛王李悟，立即进宫。当即由路隋起草先皇帝遗诏，立绛王李悟为新皇帝。由于刘克明专权的心太狠，立新君时没有多拉几个功臣，激起了左右神策军和朝臣的反对，拒绝承认新君。王守澄率领神策军入宫讨弑君逆臣。刘克明等势单力孤，无法抵抗，致使宫廷政变失败。这是唐代宦官弄权实行宫廷政变中唯一的一次失败。

苏佐明和石定宽两人并肩坐在清思殿上，一手拿着球杖，一手拿着匕首。苏佐明笑道："兄弟，你不是说打球将不用别的家伙吗？"

石定宽笑了："那是对牲畜说的，咱们是人，人就得用锋利的办法。"

"兄弟，你的节度使这辈子是当不成了。"

"没关系。有大哥和我一块儿打马球，能看到翠翠妹妹表演上竿，就是给我个节度使也不干！"

刘克明失败之后，王守澄派人清理皇宫，在清思殿上找到了苏佐明、石定宽两人的尸首。他们是用匕首自杀的，手中却紧紧握着马球杖。

本文是根据《新唐书·宦官传》："敬宗善击球，于是，陶元皓、靳遂良、赵士则、李公定、石定宽以球工得见便殿。……尝阅角抵三殿，有碎首断臂，流血廷中，帝欢甚，厚赐之，夜分罢。……帝猎夜还，与刘克明、田务澄、许文端、石定宽、苏佐明、王嘉宪、阎惟直等二十有八人群饮，既酣，帝更衣，烛忽灭，克明与佐明、定宽弑帝更衣室，矫诏召翰林学士路隋作诏书，命绛王领军国事。……枢密使王守澄、杨承和，中尉梁守谦、魏从简与宰相裴度共迎江王，发左右神策及六军飞龙兵讨之，克明投井死。"

《资治通鉴·唐纪·穆宗纪》："卜者苏玄明与染坊供人张韶善，玄明谓韶曰：'我为子卜，当升殿坐，与我共食。今主上昼夜球猎，多不在宫中，大事可图也。'……上时在清思殿击球，诸宦者见之，惊骇，急入闭门，走白上，盗寻斩关而入。"编写成为故事。

（原载《体育文史》1994年第6期）

三十三镇神头

长安城大明宫右银台门的左侧有三间很不起眼的小平房。这里就是大名鼎鼎的翰林院待诏的地方，俗称"学士房"。翰林院人员的编制有三级，掌院的翰林称为承旨，一般的翰林封为学士，普通的翰林便是待诏了。唐代翰林院中的人员是三教九流，人品混杂，有诗词文章高手，引古说今，谈论经国大道；有佛道巫祝名家，炼丹求神，达到延年益寿；有琴棋书画名手，各展技艺，陪侍皇帝消遣娱乐。这其中的每一个项目都是经过了精心选择确定的。留下的三两个人，被封为学士或待诏，在这"学士房"里轮流值班，等待着皇帝随时召唤。

唐宣宗大中年间（847—859），翰林院的围棋待诏共有三人，依名次排列是郑颢、王欣、顾师言。这名次的顺序是何人所排无人知晓，不过排列在第三名的顾师言是心服口服。在平日的言谈话语中，他常称郑颢为郑师，称王欣为王兄，表示对此二人的欣佩。但是，王欣却并不以这种名次的排列为然。三欣是天宝年间翰林院围棋待诏名家王积薪的孙子，常常当着众人的面自夸，他得有祖父真传的围棋秘本。其中有不少世间少见的绝招。然而，他在下棋时却从不轻易把这些绝招出来，常常到了与郑颢对弈输了几子后，才微微一笑道："在第××手我下了一个缓招。按我祖父棋谱的弈法是不应该这样下的。我乃故意变化了一下，现在看来，还是按谱下为好。"

每逢王欣如此说的时候，郑颙也总是笑着回答："我的棋是下得太顺利了，没有碰到过硬手，就没有机会把先师教给我的镇神头绝招摆出来——老先生的那几招，可是专门能镇住什么神仙传授弈法的。"谁都能听得出这话外之音，郑颙未将王欣的所谓神仙传授妙诀放在眼里。

戏法人人会变，各有巧妙不同。围棋流派众多，观者自有公论。唐宣宗翰林院围棋国手的座次就一直是以郑、王、顾的顺序排列着。

夏日天长，在"学士房"的待诏们无事，除了闲聊之外，就是以一局妙手消遣了。这一日，是翰林院承旨白敏中承值。白敏中是位多艺多能的才子，诗词歌赋、琴棋书画样样来得。值班无事时便邀请王欣与他对弈一局。王欣是最高兴与官阶高而棋艺一般的对手下棋了。原因是他能控制住局势，有时是和局，有时是只让对方输一两个子儿，让得自然而又不让对方觉察。今天，白敏中两局棋下得十分舒畅，一局是执黑和棋，一局是只输了一子儿，与翰林院围棋待诏对弈能有这样的水平自然是不错的了。王欣一面收棋子儿，一面说道："相公的棋艺是大有长进了，不是我在第七十八手补了一子儿，只怕还要输给相公几子儿呢？"唐朝称宰相，或者是有尚书头衔的节度使为相公。白敏中只是个翰林院承旨，还够不上称相公的资格。但是，他近日圣眷甚隆，有提升宰相的传说，所以王欣提前给他奉上了这顶高帽子。

白敏中棋下得畅快，心里高兴，一杯香茗入口更加神采飞扬。便笑着对王欣说："你们围棋待诏近日将会有一套富贵唾手可得，你知道吗？"

"什么一套富贵"？

"刚才鸿胪寺卿来说，来朝见的日本国王子，提出了要与我朝围棋国手对弈一局。他准备了一副据称是无价之宝的暖玉棋枰和棋子儿作为礼物，答谢对弈的棋手。鸿胪寺卿要我在面见皇上时请旨，派翰林院一位待诏去与日本王子对弈。无论是谁去对弈，赢棋是没有问题的。赢了，就可以得到暖玉棋枰、棋子，还可以得到皇上的赏赐，岂不是把一套现成的富贵送给你们吗？"

新疆吐鲁番高昌王朝墓出土绢画《弈棋图》

"日本国王子也会下围棋？"王欣有点惊奇。

白敏中哈哈大笑：'你祖父留下的秘籍中，没有写上在他当翰林院围棋待诏时，就曾收过日本国遣唐使做学生吗？在日本国下围棋被看作是贵族们最高雅的活动。听说，他们还仿照魏晋时期九品棋手的评估法，把围棋手分为九段。棋手通过比赛，一段一段地升级。现在来朝的日本国王子，就是他们国内最高段位的棋手。"

"难道他们不知道我大唐王朝的弈道昌盛、棋艺高明吗？"

白敏中又是哈哈一笑："焉有不知之理。岂不闻'入乡问俗'这句话，他当然知道我朝翰林院待诏弈道高明。如果没有几分把握，一个外国王子岂能提出要与我朝国手对弈？"

王欣听了心中一惊，暗暗想道：这样看来，那套荣华富贵并非是可以随手拾得的，弄不好输了棋，丢了面子，还要受到皇上的申饬，甚或丢了饭碗呢！心里是这么想的，可是，他的脸上却表现得和颜悦色。说道："究竟派何人去取这套荣华富贵，当由皇上圣裁，相公培植，下官才疏学浅、不敢希冀的了。"

白敏中是第一次听王欣在人面前如此的谦虚。"学士房"虽小，却也和唐代社会的其它角落一样，充满了派系是非之争。小道消息传递得是非常快，而且，在传递之中又免不了要添油加醋。白敏中和王欣谈话的内容，当天就传到了郑颢的耳朵里，并且肯定地说，白敏中已经打了包票，答应在皇上面前保举王欣去与日本国王子对弈。郑颢听了十分恼火："代表大唐王朝围棋国手，怎么着也轮不到他王欣呀？他那点招数，我是一清二楚。加上他那个患得患失的脾气，绝对下不出高招来。我虽老朽，体力不支，但也不能让他王欣去给我们大唐王朝丢脸。"

清河郡郑家是唐代的名门贵族，世代官绅。一族之中先后有几十人在朝为官。郑颢的弟弟郑颢是前年的新科进士，少年英俊，才貌风流。他原来与清河名门崔家已经订了婚约。两家门当户对，郎才女貌，正所谓佳偶天成。谁知道，唐宣宗要为他的女儿万寿公主择婿，白敏中在未得到郑家的同意之下，便向宣宗皇帝推荐了郑颢。宣宗颇感适宜，立即降旨宣郑颢入赘皇家为驸马都尉，且逼迫郑家与崔家退了亲。唐代社会是重门第而不重皇戚，加上皇家的公主大多骄横无德，所以联姻皇家并不为士族所贵重。郑颢虽然因为当了驸马而升官加禄，但对白敏中这个媒人却是恨之入骨，说他是出卖朋友以求富贵的小人，遇有机会便在宣宗面前说他的坏话。如今听郑颢说，白敏中在翰林院专权沽誉，拉拢私人，便立即入宫，在宣宗皇帝面前启奏道："白敏中身为近侍大臣，公然泄露朝廷机密，未经请旨就答应私人请求，实属罪大恶极。"

宣宗皇帝知道，他的爱婿与白敏中结怨的由来，参奏白敏中事件中必有夸张。便问道："爱婿的意思，是不是要郑待诏代表大唐王朝去下这盘棋？"

郑颢连忙回奏道："臣郑颢曾向儿臣说，他身衰体弱，精力不济，如果一百手之内能决定胜负，他是不会有辱君命的；如果日本国王子采用拖延战术，时间一长，只怕他会因体力不支而难以取胜。究竟由谁来代表大唐王朝去与日本国王子对弈，权由上出。请皇上宸断，但绝不能让贼臣白敏中弄权市恩，从中渔利。"

宣宗皇帝点头道："朕知道了。贤婿可以告诉郑待诏，叫他放心，这盘重要的棋决不会让王欣去下。朕对此人也甚为了解，气盛才疏，私心太重，绝非担当重任之才。"

因为对局的人选有此一番周折，直到第二天午后，鸿胪寺卿李文儒才在驿馆里通知日本国王子，对弈定于次日在大明宫梨香阁举行。对手是翰林院待诏顾师言。日本国王子听后有点意外，便问李文儒道："这顾师言在翰林院围棋待诏中名列第几？"

李文儒坦然相告："排名第三。"

"为什么不派第一名与我对弈？"

李文儒答道："按照翰林院围棋待诏的规矩，赢了第三名才能与第二名对弈，赢了第二名才能与第一名对弈，这个规矩谁都不能例外。"

日本国王子听了默然不语。他来之前就曾对郑颢、王欣的棋势都做了研究，唯独不知顾师言的棋风。等到李文儒走后，他立即唤来所有的随从人员，吩咐道："你们速到长安城的大街小巷去收买顾师言的棋谱，不论花多大的代价都要买来。我要研究顾师言的棋风。我要赢他！我一定要会一会大唐王朝的第一棋手。否则，我这次远涉重洋来到长安城，就算是白来了！"

随从们外出不久，便捧来厚厚的一大叠棋谱，说是一个不愿说出姓名的士子愿意帮助日本国王子，把翰林院三个围棋待诏的棋谱一同出卖，要价是三十两黄金。虽然，日本国已有了郑颐、王欣的围棋资料，但是为了买顾师言的棋谱，也只好多花点钱。日本国王子向随从大声地叫嚷："买下，买下，都买下来！"

顾师言是午后才接到圣旨的，叫他在明日辰时到大明宫梨香阁去与日本国王子对弈。对此，顾师言不由大吃一惊。他万万没有想到，与日本国王子对弈的重任竟然会落在自己的肩上。昨天在翰林院，他听说白承旨已确定王欣当国手代表去与日本国王子对弈。他虽觉得王欣有些浮躁，不能胜任这重大的比赛，但事关朝廷声威，用不着他这个小待诏来操心。他只想通过这次重大对局，从双方的出手中学几手绝招。现在，皇帝点了自己的名，而且用的是诏书的形式，他感到责任不轻。于是，顾师言想到要向郑颐求教。待到他从翰林院赶到德胜坊的郑府时，已经是万家灯火的夜晚了。

仆人引顾师言来到书房，只见桌上一灯如豆，郑颐正端坐在案前，对局凝思。见顾师言匆匆赶来，微露笑容道："师言，你来得正好。我正在替你设计一局棋谱。本想方案定好了，再去请你；现在你来了，我们就一起来商量商量吧！"

顾师言忙上前一步行礼道："又要劳郑师替弟子费心了。"

"这不光是你一个人的事，也不只是我们翰林院围棋待诏的事，这是关系大唐王朝声威的大事。否则，我就不会去干涉，得罪王待诏和白承旨了。"

"我现在最发愁的就是不知道对方的棋风，听说日本国的棋手名流都是遣唐使回国的学者。但现在日本国王子究竟学的是哪一个流派，心里实在没有底。"

"你心中无底，人家可是心中有数了。咱们翰林院对局的棋谱，全部被他们买去了。"

"有这种事？"顾师言有点吃惊。

"为什么不能有这种事？咱们翰林院又不是住在天上，不食人间烟火。有人想出头露面，就有人想乘机发财。什么样的事都会做得出来！"

"他们是知己知彼，而我们却是蒙在鼓里。这棋又从何处下手准备呢？"

"别管它。听说驿馆是今天下午才派人四处搜集你的棋谱，说明他们心里虽然有点底，但是也不厚实。我以前曾经说过先师留下的镇神头棋谱，那是瞎说的，是为了对付王待诏那个祖传神秘棋谱的传说。不过，先师确实曾留下几句名言：以我为主，不要旁顾。宁失一子，不失一先。先师曾说只要掌握了这个要诀，什么神仙妙谱都能镇下去，所以叫镇神头。今天我就是按这个要诀准备了一个方案，咱们来试试看。要掌握局中的主动权，牵着对方的鼻子走。而不要跟着对方的身后转。以我为主下好这盘棋。了不了解对方，都是一样的．"

梨香阁在大明宫左银台门的内侧，是教坊司在皇宫经常演出的地方。今天，梨香阁布置得彩旗招展，富丽辉煌。三品以上大员在阁中围着棋枰落坐，四品以下官员侍立在后。卯时三刻，鸿胪寺卿李文儒陪同日本国王子，翰林院承旨白敏中带领围棋待诏顾师言，从两侧进入阁中，相见施礼，升席入座。日本国王子坐东面西，执黑子先行；顾师言坐西朝东，握白子应战。

因为日本国王子要送暖玉棋枰、棋子与对弈的棋手，所以这局棋就是用这礼物来对弈。据说，这暖玉是出产于集真岛凝露台，浑然天成，不用雕琢，黑白分明，光洁可鉴，一子在手冬暖夏凉，所以称之为冷暖玉。顾师言第一次参加这么隆重的比赛，重任在肩，深恐有辱君命，心中不安；手中握的虽是凉玉棋子，却止不住手心出汗，棋子在手中湿漉漉的如水中捞出的一般。对于这样重大的比赛，日本国王子虽然也有点紧张，但昨天他看了顾师言的全部棋谱，随从的顾问又帮助他出谋划策，心中有了点底，所以便显得镇静自如。宣宗皇帝虽没有亲临现场观战，但，他的心却系在梨香阁的棋枰上。昨天他毅然决定由顾师言作为国手迎战日本国王子，曾使白敏中大惑不解。他看得出白敏中虽然依照君命写了诏书，但内心却惶惑不安，输了这盘棋，大唐王朝的声威要受影响，他翰林院承旨也有责任。宣宗皇帝并非是把此事当成儿戏；也不是听了郑颢的话，故意排斥王欣不用。他是从平时三个待诏陪他弈棋中得到的感受出发，作出这一决定。顾师言的棋艺比起郑、王二人并不逊色，然而他沉静稳重，谦虚好学，勇于进取。这种人在关键时刻是不会有负重托的。唐宣宗虽然对比赛结果抱有信心，但是，对比赛的每一步进程，仍希望早点知道。他命令内侍在麟德殿另摆了一局棋枰，叫几个内监轮流走报，把梨香阁棋战的每一步进程，立刻重现在麟德殿的棋枰上。

双方你来我往，下到第二十手时，棋枰上的优势倾向已经显示出来。白子占据了局中的有利地位，顾师言心中渐渐稳定了下来。正如郑师所料，他一开始就镇住了神头，掌握了主动，牵着对方的鼻子走。日本国王子这时却逐渐慌张起来。顾师言的棋风完全不像他以往的棋谱那样，稳攻稳守，现在每一步棋子都使他摸不着头脑，昨天晚上准备的方案一点也没有用了。他只能跟着顾师言的棋势落子，从十五手之后，落子便逐步慢了下来，执子的手微微抖动，头上沁出了汗珠。棋势发展走向传到了麟德殿，宣宗皇帝一颗悬着的心才落了下来，脸上绽开了笑颜。"想不到顾待诏还真有大将风度，布起阵来如神龙游空，见头不见尾，无法应对。"

待到顾师言的第三十三子落枰之后，全面优势已然形成，大局已定。日本国王子瞪目缩臂，俯首认输。他轻轻地长叹一声："能见到这局棋的高着，也算是我不枉此次万里之行。只是未能见到大唐王朝第一国手，终是憾事。"

梨香阁的棋赛结束了，但是中日棋艺的交流并没有结束。顾师言陪同郑颢来到驿馆去拜会日本国王子，详细介绍了镇神头流派的理论和着法。后来经日本国王子带回国内广为传播，遂成为现代洪荒流棋派发展的基础。

梨香阁棋战之后，在长安城掀起了一阵研究棋谱的热潮。王欣感到实在没有必要再收藏他祖父的"秘籍"，便公开了出来。原来那就是王积薪在金谷园下的九局棋谱，公开之后便被人称之为《金谷园九局谱》。这是我国古代最早出版的棋书。

翰林院绘画待诏陈宏亲眼目睹了梨香阁对弈的情景。绘了一幅《三十三镇神头图》。顾师言举手下子的神态跃然纸上，使我们今天还能领略到大唐王朝梨香阁弈棋的风采。

本文根据《旧唐书·宣宗本纪》："大中二年，三月，日本国王子入朝贡方物。王子善棋，帝令待诏顾师言与之对手。"

唐代苏鹗著《杜阳杂编》："日本国王子来朝，献宝器音乐。上设百戏珍馔以礼焉。王子善围棋，上敕顾师言待诏为对手。王子出楸玉局、冷暖玉棋子。……及师言与之对手，至三十三手，胜负未决，师言惧辱君命，汗手凝思，方敢落子，则谓之'镇神头'，乃是解两征势也。王子瞪目缩臂，已伏不胜。回语鸿胪曰：'待诏第几手耶？'鸿胪诡对曰：'第三手也。'师言实第一国手矣。王子曰：
'愿见第一。'对曰：'王子胜第三，方得见第二。胜第二，方得见
第一。今欲见第一，岂可得乎！'王子掩局而吁曰：小国之一，不如
大国之三，信矣。'"编写成为故事。

（原载《体育文史》1993年第3期）

相 门 似 海

　　柳三复怀着满腔悲愤离开了丁晋公的门房。他在这里受尽了艰辛冷眼，等待相爷接见已有一个多月，眼看一个个比他晚来的人都进了相府的客厅，而他就是一直坐在冷板凳上。门吏告诉他，相爷忙于公事不能接见闲人。一个老资格的求见者告诉柳三复说，不给门吏十两八两银子的红包，就是等上一年，他也不会把你的谒见禀帖送给相爷。柳三复回家和妻子商量了一夜，把妻子陪嫁的两件首饰当了六两纹银，送给门吏做红包。门吏答应今天找机会向相爷通报，谁知今天他到了门房，却不见昨日那位门吏，问当值的门吏，都说不知道。他多问了几句，反而遭到冷嘲热讽，通报当然是更无希望了。这一天，花了钱也是白等。

　　柳三复考中进士已经一年多了，早已将出身履历呈报给吏部，请求诠序官职，只是因为拿不出足够的钱财打点衙门，所以告身文书总也是批复不下来。眼看着同榜的进士都一个个欢天喜地拿着文书上任做官去了，他却空挂着进士的头衔，没有一文俸禄，在京城坐吃山空。从家中带来变卖田产的银子早已用光，一天三餐眼看就要断粮。多亏妻子陈桂英贤慧聪明，自幼习得飞针走线，有一手描龙绣凤的本领。她绣出的人物花鸟栩栩如生，拿到大相国寺庙前的市场上出售，货到钱来，才勉

111

强维持了一家四口人的温饱。

一个月前，一位朋友对他说：像你这样没钱在吏部打点的人，就是再等上三年也不会拿到做官的文书。你不如直接到相府去求官。当今宰相晋国公丁谓，是个爱才的人，正在各方延揽人才。你只要求见他一面，向他陈述自己的履历，保管能得到一官半职。于是柳三复便从吏部门房候班转到相府门房候班。他一候又是一个多月，真是相门似海，门吏弄权，受尽了辛苦熬煎，又搭上了一个多月的生活费，终于还是竹篮打水———一场空。

床头金尽，壮士无颜。柳三复心灰意冷，神色沮丧，一步一停地向大相国寺后的家中走去。

从日头偏西开始，陈桂英便不断地到门前张望，等待丈夫归来。不知今天他到相府去投见的结果如何？他深知刚强不屈的丈夫在这一年中被折磨得锐气全消，现在走到了这一步，真是原来意想不到的。十年前，她母亲就曾说过读书人不会有什么好结果的话。那是她待字闺中，柳家媒人来提亲时，父母为她的婚事争吵时从母亲口中说出来的。

父亲是个坐馆塾师，一辈子科举未中，只能以教书挣钱糊口。但他那颗渴望十年寒窗一举成名的雄心并未曾熄灭，把希望寄托在儿子和未来的女婿身上。母亲出身于商人家庭。外祖父的绸缎生意红火，虽没有大富大贵，但生活过得富裕稳定。她嫁到陈家之后，愁米愁柴；三年还要愁一次科考，到终了，仍然是布衣一件，坐馆授徒，难度生活，年岁老了还得依靠娘家周济。对读书做官这条路她是伤透了心，主张把女儿嫁给买卖人，以后年老体弱也能够多一层依靠。她对丈夫没能科考中举，历尽坎坷的人生感到心伤；就是中了举做了官，富贵一阵子，结果又能怎样？官宦人家因祸身亡家破的事，更是大有人在。因此，她得出的结论是：读书做官、蟾宫折桂，不是人生一条最好的生活道路，就像是放飞在空中的风筝，底线永远是牵在别人手中的，命运由别人摆弄。不如做个买卖人，诚实勤恳，有吃有穿，生活稳定地过一辈子。陈家的儿女大事岂是妇女能当得了家，何况陈桂英自幼跟随父亲读了几年书，才子佳人、风流浪漫的幻想也充满了头脑。当柳家的亲事在陈家议论时，便因为父女赞成，母亲的反对无效，读书郎成了陈家的女婿。结婚之后，陈桂英也确实享受了两年琴瑟和谐、添香夜读的快乐生活，但是，自从生了儿女之后，忙吃忙穿又忙着照顾儿女，拿笔杆子的丈夫是一点忙也帮不上手，后来连吃饭钱也要靠她的十个手指头来挣，这日子过得是太艰难了。什么时候才能熬出头？等这最穷的日子过去之后，真该像母亲说的那样，凑点钱做个小买卖，放风筝的生活线不能总是攥在别人的手里。当她从老远没精打彩走回来的丈夫脸上看到失望时，心底又冷了起来，攥线的人还未准备放飞风筝。她强打着笑脸迎了上去，接过丈夫手中的公文袋，笑着说："快进家洗脸吃饭吧！你这几天够累的了！今天的粥熬得特别香，孩子老早就吵着要吃了。"

柳三复瞪着眼睛，看着妻子那脸上装出来的笑容，生气地说："你为什么不问我见到柜爷了没有？问我拿到告身文书没有？我真的受不了这宦海流弊了。相门似海，我一个穷书生是踏不进吏部大门的，也无法踏入相爷的大门。从今而后我再也不去相府候差了。我去做买卖，去跟孟三一块儿踢球卖艺，挣钱养活这个家！我堂堂七尺之躯怎么能把家庭重担全搁在你这个女流之辈的肩上呢？"激愤的泪水从柳三复的眼中断线似地落了下来。

柳三复的话刺痛了陈桂英的心，但是，看到丈夫痛苦的泪水，她再也不能给丈夫增加伤感了，连忙绞了一把热手巾给丈夫擦脸，说："看你急得这个样子！人的一生哪能都是顺顺当当，总是有晴有阴。你不是常说，大丈夫能屈能伸，天将降大任于是人，必先苦其心志，劳其筋骨，饿其体肤，空乏其身？这点挫折困难你就受不住了，怎么能担起未来的大任呢？这十年寒窗，一举成名的关都闯过来了，难道求职的事还会难住你吗？就算相门似海，咱们家乡不是还有敢于下海冒险弄潮的人吗？只要想办法，没有打不开的大门。快吃饭吧！孩子都饿坏了。"

听着妻子委婉的劝解，看着小儿女一付娇嗔的憨态，柳三复的心情逐渐平静了下来。就是为了妻子儿女，为了这个家庭的幸福，他也要忍辱负重闯过这道难关。

又经过几个难熬的日日夜夜，陈桂英终于打听出了一个进入相府大门的绝妙主意。

在大相国寺庙门集市上，正在出卖绣品的陈桂英，忽然见几匹高头大马飞驰而过，骑在马上的是在瓦子里踢球卖艺的孟三。邻摊一位卖古玩的李老头告诉陈桂英，这是相府派来的差役，请孟三去陪丁相爷踢球。他说：当今的相爷最喜欢踢球了。多少达官贵人候在相府门房等候相爷谈公事，他都不接见，退朝之后，就是在后园里踢球消遣。这孟三也算是命好，碰到幸运的时候，去一趟相府总有几十两银子的彩头。听了李老头的话，一下子触动了陈桂英的灵机。丈夫柳三复也是个会踢球的能手，前几天发牢骚，还说过要跟孟三去踢球卖艺呢！只要有机会，让丁相爷知道柳三复会踢球，不比花什么银子钱财打通门吏关节还强吗？回到家来，她便与柳三复一五一十地说了自己的想法。柳三复也觉得这是个好主意。但是，夫妻俩翻来覆去想了一晚上，总也想不出怎样才能使丁相爷知道柳三复会踢球。唯一的方法就是等在相爷踢球后园的墙外，能拾到相爷踢飞出墙的球，便有机会在相爷面前表现踢球的本领了。

从那一天起，柳三复再也不到相府的门房去候班了，而是在相府后园球场的墙外等待飞出的球。僻静的小巷虽然有些孤寂，但是少了门吏的横眉与冷眼，要安心得多了。他独自背着手在那小巷子里来回徘徊。为了消磨寂寞，他反复背诵着心爱的佳作。真是皇天不负有心人，也该当柳三复时来运转，这一天，一只色彩斑斓的气球果然从相府后园的墙头飞了出来。柳三复大喜过望，拾起了那只彩球抛向空中，来了个朝天一柱香，将球顶在头上，接着又是一个童子拜观音，把球顶向空中，抱在怀里，喜滋滋地直奔相府前大门，昂首阔步地走了进去。

两个佩刀的门卫见有一个陌生男子闯进相府，大声喝道："你是何人？敢擅自进入相府！"柳三复高举手中的气球，大声喊道："你看不见这是相爷踢的球？我是给相爷送球来了！"门吏从门房中伸出头来，认识此人是久在此地候班的柳秀才，手中拿的气球确实是相爷踢用的球。便摆摆手说："让他进去吧！那是相爷的球。"接着又关心地叮嘱了一句："相爷现在后园球场，往前走，碰鼻子转弯，再过一道门便是后园了。"

丁谓退朝回府便与门下的清客在球场上踢球玩乐。可巧，几个踢球技艺较好的清客今天都不在，陪踢的人只踢了几个回合便把球踢飞了。亲随连忙又递上了一只球让相爷继续踢，并立即出了园门要去相府外找球。刚走出园门，只见一个秀才眉清目秀，头戴短脚幞头，身穿没有品级的长袍，腰系双穗粉色丝绦，怀中抱着一只气球向园门走来。亲随忙上前拦住说："你这秀才，为何拿着相爷的气球？此处是相府后园，闲人是不准入内的。"柳三复见他身穿蓝色七品服饰，腰系紫罗鸾带，便知道是相爷贴身的亲随，不敢怠慢，忙上前拱手道："在下柳三复，是去年殿试的进士，因无钱在吏部打点故而至今仍是白襕在身，想请相爷栽培，无缘得见，故而等待这送球机会，请虞候多予宽容。"

那亲随见柳三复人品清秀，语言文雅，沉吟片刻道："相爷在球场踢球时概不会客"。

柳三复道："这气球名为天下圆，在下也会胡乱踢得几脚，可以在场上陪相爷消遣，不会惹他心烦。"

那亲随听了大喜道："既然如此，你可以随我进去。要见机行事，不可鲁莽。"

柳三复随着丁谓的亲随进入后园，曲曲弯弯地穿过了几道花木亭台，来到了球场上。只见丁晋公头戴软纱唐巾，身穿紫色绣花长袍，腰系文武双穗绦带，长袍前襟拽扎起揣在玉带之下，足穿一双嵌金线飞凤皮靴，正与两个清客踢球。站在相爷下首的清客显然球技不高，对突然传来的外拐球接踢不住，那气球从脚下漏出到场外，场上三个人都停下了脚步。

柳三复趁此机会，抢步上前，到了丁晋公的面前，将气球高高抛起，大声唱喏："小人柳三复叩见相爷。"说完之后，就拱起双手一揖到地，当他抬头起身时，那球恰好落在了头上，被他抬头一顶又腾起在空中。接着，柳三复便双膝跪地一连磕了四个响头。在他磕头时间里气球落下四次都被他抬头顶入空中，每次都是不偏不倚，落下顶起，顶起落下，丝毫不差，恰似头上长了眼睛看准了球。待到柳三复站起身来，那球又落到身前，只见柳三复不急不忙抬起腿来，左拐右拐，里拐外拐，踢了个鸳鸯拐把球送给了丁晋公。

那丁谓在柳三复行礼顶球时已知道他是个踢球高手。那鸳鸯拐踢得干净利落，动作潇洒，球落处恰是地方。于是，上步接球挑了起来，踢了个佛顶珠，接着又使了个倒拖鞭将球踢还给柳三复。柳三复见相爷接了他的球又踢了回来，知道相爷已接纳了他，满心欢喜，打起精神，使出全身的本领，踢出最好的解数。那球仿佛是有根线牵在他的手里，随他任意踢弄都不离开他的身前身后，踢给丁晋公的球也都是称心如意，恰好正在下脚处。两人一来一往在场上踢了三十多个回合，场外的

《古人蹴鞠图》

清客和随从都看得呆了。

在丁晋公停下脚时，亲随忙上前送上面巾擦汗，才一起发声叫好。丁晋公满身大汗，且不去亲随手上接面巾，只是连声地问："你是何人？怎的能有这样好的脚头？"

柳三复忙叉手向前禀告道："回禀相爷，小人柳三复是本科进士，因尚未领得吏部告身文书，故仍然是白襕在身。小人自幼喜爱踢球，曾经入过齐云社学习，所以能下场胡乱踢得几脚。"

丁谓道："你既然是秀才，自然会做诗了。就以这气球为题，你能写出一首诗吗？"

柳三复道："做诗是秀才的本分，哪有不会之理，只是在相爷面前献丑了。"一年来受尽了人间冷暖，屈辱坎坷，柳三复满腹的积怨压抑不住，略一沉吟便冲口念道："十片香皮砌作球，人间游戏解忧愁。虽然也有凌云日，落下仍在人脚头。"

丁谓听罢，哈哈大笑："果然是落魄秀才的心情口吻！看来，吏部真是委屈你了。你今后不必去吏部候差，就在我相府中办事吧！闲来无事就陪我踢球。"

说完，回过头来向亲随道："你去吏部，告诉王尚书，取一张集贤院秘书郎的文书来填上柳秀才的名字。"新科进士外放州府，只能是七品县尉一级，留在集贤院也只能是秘书正字，得熬个二三年考绩优秀，才能擢升秘书郎。现在柳三复一下子取得了秘书郎的职位，是大大地超升了。他喜出望外，立即跪倒在球场上向相爷叩谢栽培之恩。

穷秀才当上了秘书郎，真正是一步登天。柳三复告别了一年多的苦日子，搬离了大相国寺后的大杂院，在朝阳大街买了座前后两院的官宦房。陈桂英再也用不着拿十个指头刺绣，换钱买吃喝了，只需使奴唤婢，在闺中教育一对儿女读书写字。柳三复在相府的差使十分轻松，只在相爷退朝回府时陪伴闲谈和踢球，生活过得悠闲自在。如此一年有余，柳三复接近相爷的时间久了，逐渐也参与了一些机密，门前来请托人情的车马多了起来，便不再像过去那么悠闲，也不如过去那样快乐，时而会坐在书房里发呆。陈桂英看在眼里，忧在心中，丈夫究竟是为什么事呢？

端午节要置办一些节日的衣物，陈桂英带了儿女到大相国寺庙门集市逛街，特意到原来摆刺绣摊位的地方坐坐，和邻摊的李老头闲谈："你家柳相公还是在相府里办事吗？听说丁相爷又大发了，要兼职集贤院大学士。这一下，官庶、学府都包在他一人身上了。听说集贤院大学士寇准是丁相爷派人参奏罢的官，不知你家相公是否知道？"

李老头看了看近前无人，又压低声音说道："别人都说丁相爷心狠手辣，过河拆桥。想当年，丁相爷是寇准家中的门客，多亏寇准的提拔才进了枢密府。寇准爷是枢密使，丁相爷慢慢当上了副使。同堂办公吃午饭，寇爷须上粘了个米粒，丁相爷还亲自下座为寇爷拭须，所以有拭须宰相之称。如今丁相爷当上了正位，不仅不报答寇准爷的恩德，反而指使人参奏寇爷。人心险恶，宦海难测。你家相公可要多当心点！"

陈桂英忙点头称谢说道："我家相公在相府里只是个一般清客，不会知道丁相爷的机密大事的。"

回家之后，陈桂英急忙到书房将李老头的话告诉了柳三复。柳三复道："此话是真的，御史杨亿参奏寇爷的奏章是丁相爷指使的。"

"寇准爷请皇上退位奉太子监国的罪名，是否属实呢？"

"这种事，大多事出有因，查无实据。皇上最怕的就是这种事。御史参奏，宰相帮腔，于是寇准爷的罪名便成立了。"

"丁相爷这么做，为的是什么呢？"

"听说是为了雷允恭案结下的怨。内监雷允恭当山陵都监使，擅自动用公款，是得到丁相爷同意的。寇准爷将此事奏报皇上，罢了雷允恭的官。丁相爷生气地说：照这样不讲情面，以后什么事情也办不成了！于是，立意要把寇准爷赶下台。"

"如此说来，完全是为了一己之私？"

柳三复点了点头："就是听说了此事，我心中才堵了一团茅草，怎么也解不开。一个协助皇上治理国家大事的相爷，怎么能如此心胸狭隘、公报私仇呢？"

陈桂英叹了口气："宦海凶险，前途难料。我记得你未入相府之前曾说过'相门似海'。这相府门内的海水有多深，能起多大风浪，咱们是捉摸不透的。依我之见，咱们还是躲开这大海风涛，回到平静的湖滨山村，安度晚年为好。"

柳三复道："娘子的话是金石良言。我这几日正是为此事犹豫不定。我记得你曾说过：做官的人就像是一个放飞在空中的风筝，底线是攥在别人手中的。要你落下来，只要收紧手中的那根底线就行了。我的底线是攥在丁相爷手里的。丁相爷的底线又是攥在别人手里的。只怕有一天，丁相爷的底线被人收紧了，我也会受到连累，从空中栽下来的。"

陈桂英低头沉思了一会儿说："目前只有一条路可走，离开相府。你现在只是丁相爷球场上的清客，只要不能踢球了，丁相爷就不会再需要你。你便可以借机请调外府州县，找一个清静之处，安身立命。"

柳三复点头称是。

第二天，在去相府的路上，柳三复的马突然受惊奔驰。他从马上跌落了下来，跌断了腿骨。虽然经过治疗他已能够行走，但跛足不便，已不能再陪丁相爷踢球了。丁谓摇头叹息，批准了柳三复请求外调的申请，在台州府做了一名府学教谕。

又过了一年，丁谓因交通内监，贪赃枉法，被御史参奏治罪。"籍其家，得四方赂遗不可胜纪。"相府门下的清客都受到连累治罪。柳三复在台州闻知此事，额手称庆。回到家中向陈桂英一揖道谢："俗话说，'家有贤妻，不受人欺'。我柳家有了你这个不嫌贫穷，不贪富贵的贤慧娘子，才能过着幸福美满的生活。"

本文系根据刘邠《中山诗话》："柳（三复）欲见丁晋公无由，

会公蹴球后园，偶逸出，柳挟取之。因怀所业，戴球以见公。出书再拜者三，每拜，球起复于背脊幞头间。公乃笑而奇之，遂延于门下。"

《宋史·丁谓传》："（丁谓）乾兴元年，封晋国公。仁宗即位，进司徒兼侍口。……谓败……籍其家，得四方赂遗，不可胜纪。"编写成为故事。

一　脚　太　尉

　　北宋绍圣四年（1097），东京汴梁城中发生了一件震惊朝野的罢官案。礼部尚书、端明殿学士兼翰林院侍读苏轼被监察御史舒亶上奏章弹劾，说他"妄自尊大，愚弄朝廷"，摘引了苏轼诗集中的句子，说是"触物及事，妄自诽谤，传播中外，自以为能"。苏轼心中明白，这封奏章中所举出的各种事情都是无中生有；所引的诗句解释都是牵强附会。他受弹劾的真正原因，是他在不久前写了一首《纵笔》小诗。诗中批评了宰相章惇贪懦无能，享乐疏懒。舒亶这封奏章，就是在章惇的指使下写出来的。他知道一场飞来的横祸当是不可避免了。果然，圣旨不久就批了下来："苏轼身为大臣，任意诽谤朝廷，大不敬。着贬南宁军惠州别驾安置。"圣命一下，有人喜欢，有人嗟叹；有人义愤，有人悲伤。苏轼本人却十分坦然。他二十岁中进士，少年腾达，文采风流，深受朝野人士所尊敬。但他为人过于率直，又缺乏政治敏感性，说话作诗口不择言，经常会得罪一些当权者，一生之中几起几落，贬谪在外，饱尝艰辛。这多灾多难的生活中磨练了他的性格，乐天知命，随寓而安，不以一时一事的荣辱而忧凄于心。苏轼虽以高龄贬谪万里之外，但是并无悔恨之意，只要能痛痛快快地为国为民做几件好事，就是蛮荒之地，又有什么不可以去的呢？只是这天涯海角的地方，妻子儿女是断然不能随同前往的了。好在十年前他在常州购置了一处田园，可以让一家老小在那里安身。家中的奴仆自然是要各自散去自谋出路了。不过有一人最是让他放心不下，那就是书童高安。

高安是他七年前在杭州刺史任上收养的孤儿，父母双亡。叔伯们为了争夺遗产，将他逐出家门，流浪街头。苏轼将他收养在衙中，一面读书识字，一面做些洒扫应对之事。这孩子聪明伶俐，勤奋好学，几年之间竟然能背诵千余首名人诗词，字也写得清秀，还能画上两笔虫鱼花鸟之类。进京之后，苏轼便将他安置在书房中做书童，专管他的书籍字画以及信札笔墨之事，更磨练得他文通字顺，博闻多识了。别的奴仆自谋生路，都有亲人可依，此子无依无靠，且又年轻，设或投人不当，误入歧途，岂不是我坑害了他的一生。

自从听说苏学士被贬谪惠州，高安一连几天心中不快。在他幼小的心灵中，怎么也弄不明白，为什么好人会得不到好报呢？苏学士忠心为国，廉洁奉公，为民着想，到老来却落了个贬谪边远军州安置。而那些结党营私、贪赃枉法之徒，却得到了高官厚禄，安享荣华。正在高安凝思之时，书房的门被推开了。苏轼慢慢踱了进来，高安忙上前请安侍候。苏轼看这书房中依然是窗明几净，笔墨放置得井然有序，不由得轻轻地叹了口气。他把高安拉到了身边，抚摩着他的头顶，叹惜地说："我本想把你教育成人，做一个于国于民有用的人才。现在，不能了！"

高安扑通一声，跪倒在苏轼的身前，泪水满腮，失声痛哭说："老爷，我到死也不离开您，我要侍候您一辈子。不管是天涯海角，边远极荒，我都不怕。我跟您去。老爷，您带我走吧！"苏轼也忍不住扑簌簌落下了泪水，说道："孩子，你从十岁便跟在我的身边。我们也算是情同骨肉了。我也是舍不得离开你。不过，我已是垂死之人，没有什么可怕的了，但是，我得为你着想啊！如果你随我到了那个边远的地方，举目无亲，万一我有个不测，你岂不是要受第二次流浪之苦？还会有什么人来照顾你呢？我思之再三，还是把你留在东京，托付给一个可靠的人为好。我本想把你荐给曾学士当小史。他说家中已有了两个书童。今天，我见了王晋卿枢密使。他说他的府中还需要人。我这就写荐书给他。你就暂在他的府中安身。如果苍天有眼，在我有生之年还能蒙受圣恩，回到东京来，你仍可回到我的府中。高安，这临别之时，我再嘱咐你几句：你为人聪明，好学上进，这是长处。但是为人一世，重在立身，不可见利忘义、只知有己，不可忘了国家民族。只要你能成为一个于国于民有用的人才，我就是在九泉之下，也能安心瞑目了。”

高安听了，早已痛哭失声，俯伏在地。

临淮关是东京汴梁城通往江南各地的大码头，渡过淮河就是江淮军州的地界了。在码头上，苏轼挡住了高安："你不能再往前送了。俗话说，送客千里，终有一别。你终究是要回到东京去的，就此止住吧！"高安只好在淮水之上与主人洒泪告别。他站在淮河码头上，直到看不见苏学士渡河的船影，才离开河边快快地返回客舍。

旅途的劳顿，加上心情的忧伤，第二天高安就病倒在客店之中。多亏店主人精心照顾，为他请医诊治，煎汤熬药，将息了十多天，才逐渐痊愈起来。

那一天，春意融融，东风暖人。高安大病初愈，在院中踱步。店主人说道："小客官，你今天身体好多了，天气又这么好，何不到街上去散散心？我们临淮关虽然没有京都繁华，可也是个水陆大码头，有不少好玩的地方呢！东瓦子孟家父女的踢球表演，就是远近闻名的好把式，你去那里散散心也好。"

　　高安大病之后，久静思动，听了店主人一番言词，引动了想玩的念头。他回到房中，换了件干净的衣衫，怀中揣了二百文钱，按照店主人的指点，直奔东瓦子大街而去。

　　临淮关城市不大，但是因为地处南北通衢，水陆通道，来往客商甚多，商业十分繁华，供市民娱乐的瓦子勾栏也不少。一条东瓦子大街上，大小勾栏就有十几处。虽然没有东京城桑家瓦子那么热闹，却也是人来人往，锣鼓喧天。有说书的、玩影戏的、演杂剧的、唱弹词的、说诨话的、学相生的、表演踢弄杂手艺的、顶橦踏索的、相扑的、使棒的、演奏清乐的、弄虫蚁的，乐音嘈杂，人声鼎沸。在一处紫色布幔的棚前，挂了一块黑底金字的招牌："孟家父女踢球。"高安看了，知道此处便是店主人所说的那个闻名遐迩的好把式去处了。他掀开布幔走了进去，只见看场的座位上早已坐满了观众。一位伙计上来招呼，把高安引到一个偏座的位子上坐了下来。

　　一棒锣响之后，节目表演开始。先是两个年轻人上场表演踢球。只见他二人对踢，花招频出，一会儿流星赶月、一会儿仙人过桥、一会儿鸳鸯双飞、一会儿群燕归巢，真正是球不离身，身不离球，动作敏捷，姿势优美。高安在苏轼府中书房，终日离不开文房四宝，在消闲娱乐时也曾陪伴过苏学士蹴球戏耍，也会踢上几脚，只不过踢的都是一般动作，哪儿曾看见这许多的花样踢法。这样的表演，令他眼花撩乱，心喜欲狂，连声叫好。看那场中的观众，却都是无动于衷，依然是喝茶、谈天、嗑瓜子儿，只是在二人表演完毕，才稀稀拉拉地喝了几声彩。

　　接着，场子上响起了第二棒锣。这时，喝茶的、谈话的、嗑瓜子的都停下了。一阵喝彩声中，一个乡下人打扮的中年汉子，带了一个十五六岁的小姑娘，在鼓笛乐的伴奏下边唱边走，来到场子中间。那汉子一个不小心滑脚摔了个筋斗，摔的同时却从怀中甩出一个气球来。那女孩儿忙上前搀扶爹爹，慌乱中把气球顶到了空中。父女俩就"手忙脚乱"、"笨手笨脚"地"捉"气球，又要捉住气球，又要抚摸"摔伤"的腰腿，把各种踢球表演都编织了进去。动作做得滑稽可笑，却又轻松自然。在整个表演过程中气球始终没有落地，也没有停留在他们的身上，表现出了踢球艺人控球的熟练技巧和能力。场子里的观众不停地喝彩、欢笑，高安更是觉得精神欢畅，兴奋无比。他那由于生了一场大病而紧张的肌肉，完全放松了下来。

隔壁座位上一个老者说道："看孟家父女踢球时，你只觉得巧，而没有觉得好。可是等你自己上场踢球时，才知道那一抬腿，一扭腰，都是工夫，都是恰到好处的表演。"

这一出"父女赶会"表演之后，父女二人又表演了对踢。也是踢的流星赶月，也是踢的仙人过桥、鸳鸯双飞、群燕归巢，只是在两人中间隔了一个彩绸扎成的小球门。那球门只有一个铜盆大小。两人在门的两边踢，谁也看不到谁。那球从门洞中间穿来穿去。两人的动作是一样的整齐，球踢得一般高低，身段也是同样的飘逸优美。高安真是看得呆了，连四周的喝彩声也一声不闻。直到场散人去，小伙计来收拾场地时，他还呆坐着不动。小伙计忙上来招呼道："今日停锣收场了，客官明日请早吧！"

这时高安方才清醒过来，但是，他没有走出布幔场子，却一转身直奔场子中间，向那踢球的汉子面前扑通一跪，恳求道："师父，你开恩吧，收留下我这个小徒弟。"

这中年踢球汉子名叫孟宣，是江淮一带有名的踢球艺人。他的女儿慧芳，年方一十五岁。父女两人苦练了一身踢球绝技，不仅创造了许多踢球的花样动作，还编排了许多具有故事情节的踢球表演。宋代踢球艺人的组织叫圆社，气球就叫作天下圆。因为孟宣善于创造许多人梦想不到的表演，因此，圆社里送他一个雅号叫"梦里圆"。

"梦里圆"孟宣见跪在自己面前的后生是个白净面皮、眉清目秀、书生模样的人，口口声声叫自己是师父，不由得心里犯了难。富贵人家的公子哥儿到圆社里请师父教踢球，只要花上几两银子，置办几桌酒席就行了。高兴时踢上三个月、五个月，兴没了就送走完事。现在这个孩子跪在场子里，是要我收他做上场的徒弟。祖师爷留的这碗饭不是好吃的，如果半途而废，岂不是惹人耻笑。他打定了主意不收。

"小官人，走江湖混饭吃，岂是你这种出身富贵的人能受得了的？"

高安忙解释道："我虽是生活在官宦人家，但我也是贫寒家庭出身。现在我的主人离京外任，我已是无家可归的人。若能跟随师父学艺，跑江湖混碗饭吃，再苦再累的事我都能干，也心甘情愿。"

慧芳见高安人生得聪明伶俐，且又是心诚语切，不由得动了同情之心，便帮着高安说话，劝爹爹收下这个关门徒弟。孟宣思考再三，同意留下高安学艺，但不愿在祖师爷案前摆香火收徒，行师徒之礼。这是孟宣行事的精细之处，因为按照圆社规矩，不摆香案敬祖收徒，只是一般的师徒关系；敬祖拜师，请来圆社的职事人员作证，便是正式师徒，情同父子，有恩养报师的义务。高小官人毕竟不是江湖上的人，不能为一时之兴，行了拜师礼，就定死了他的终身。

高安在临淮关投师学艺，一晃就是半年，这半年时间高安也确实下了不少苦功，也亏他自小劳动，有一付好的身子骨，腿脚灵活，心窍聪敏，能很快地领会动作；加之孟宣对他无私教诲，师妹慧芳尽心尽力地帮助指点，高安的踢球技艺突飞猛进，有时也能在场上做师父的帮手了。

北风夹飞雪，地冻天寒。卖艺人大多是在年关之前停锣歇场，将息一段时间之后，迎接新春演出高潮的到来。停演的头一天，孟宣在家中收拾了几样菜肴，买了几瓶美酒，把几个徒弟叫到了房中饮酒暖岁。酒过三巡，菜过五味，孟宣拿过酒壶，满满地给高安斟了一杯。

高安一脸惶惑，不解地问道："师父，您老人家这是怎么了？给徒儿斟酒！我可是经受不起的！"

慧芳和几个徒弟也都不解其意，凝神瞪目望着孟宣。

孟宣开口道："高小官人，你且坐下，听老夫一言。你这半年，勤学苦练，踢球的本领虽然还未学到十成，但也有六七成了。你虽然没有正式敬祖拜师，但老夫一向待你如同关门的徒弟一样。按理说，你留在我这里踢球跑场也真是个好帮手。我是舍不得放你走的。只是为人一世，不能光替自己打算。你是个识文达礼、能写会算的人，在江湖上卖艺，会埋没了你的聪明才智。东京汴梁城才是你施展才智的地方。我不能为了自己的利益耽误了你的前程。这几天我思前想后，想了很久，还是送你回东京的好。你有苏学士的推荐文书，投奔到王枢密使的府中去，就能寻觅到一个好的出路，强似我这走江湖卖艺的生活。这一杯水酒就算是我敬你的送行酒，只要你不忘记我这个师父，你我师徒有缘，后会有期。"说到动情之处，孟宣的眼中早已滴下了泪水。

高安听了，感念师父对他的一片深情。师父说得对，到王枢密使府才是他最好的出路。他痛哭失声，泪下如雨。慧芳也在一旁暗暗垂泣。

高安真是舍不得离开师父的家，这半年的生活，不仅使他学到了踢球本领，也使他尝到了家庭的温暖。师父、师妹待他如同一家人，使他这个孤儿出身的人知道了世上的天伦之乐。他怎能离开这个温暖的家呢？但他想想师父的话，真是金子般的语言，处处都在为自己着想，为自己的未来打算。世界上有多少好人啊！他高安就是碰到了许多好人的栽培，先是苏学士的收养，后是孟师父的关心，才能够有今天这点本领。他暗暗下定决心，如果有了出头之日，一定要报答恩人，绝不辜负好人的好心。

高安回到东京后，便投身到枢密使王晋卿的府中，当了一名管理书房的书童。闲暇无事之时，他便以踢球为乐。因为他踢得一脚好气球，赢得了府内上下人的称赞，多有人来看他踢球取乐。来的人都不叫他名字，只叫他高球。大家都是这样叫，这名字叫惯了，反而把原来的名字淡忘了。高安索性便把自己的名字改叫做了高俅。

高俅在王晋卿府中又过了两年，一日早朝之后，王晋卿回府，把高俅唤来吩咐道："这里有两件珍贵玉器，一封书札，是送给九大王的。你务必要亲手交到九大王的手中。小心谨慎，快去快回。"

这九大王名唤赵佶，是神宗皇帝的第十一子，哲宗皇帝的御弟，封为端王，人称为九千岁，九大王。这赵佶是个聪明灵俐的年轻王爷，一切文人雅士的喜好，风流子弟的活动，琴棋书画，吹弹踢球，他样样喜爱，样样精通。

那一日，端王早朝时和王晋卿同在朝房里候班，忽然觉得头皮发痒，一摸腰间，忘记带梳头的篦子了，便向王晋卿说："晋卿，把你的梳头篦子借我一用，我头上发痒，忘记带了。"王晋卿忙从腰袋里取出了玉篦子双手奉上。端王用过之后，甚觉惬意，又把这玉篦子仔细地把玩了一番。只见这篦子是块整玉雕琢而成，篦齿均匀，纹理细腻，篦梁之上用正体楷书刻了一首苏轼的《水调歌头》，制作得实在精巧美观。端王愈看愈爱，赞不绝口："真是一件好器物，制作精美，适用合体。"

王晋卿早已窥知了端王的心意，忙说道："这一付篦子原是两只，一模一样，是一个高手匠人制作的。还有一个镇纸的玉狮子，同出一人之手。这只篦子已经污了下官的浊体，不堪再入亲王清鉴。我回去后，将另一只找出来，连同玉狮子一并派人送入府中，请亲王鉴赏。"

端王听了大喜，再三致谢。

高俅拿了这两件玉器和一封书札，来到了端王府中。门公听说是王枢密使府中的来人，不敢怠慢，连忙通报与王爷的内侍。内侍知道是来送王爷喜爱玩物的，便即刻领他进去。这时，端王正在后园与几个小内侍踢球。领高俅的内侍不便上前通报，便与高俅站在一旁观看。高俅久闻九大王的名声，今天才得亲瞻仪容。只见端王眉阔目朗，面如满月，头戴一顶软脚幞头，身穿绣蟒紫袍，腰系文武双色穗绦。蟒袍的前襟拽起，正在用玉女穿梭动作，抬左腿把球踢给了小内侍。高俅是个会踢球的行家，看端王一抬脚，便知道这一脚是着力重了，球要踢飞。果然，这一脚没有踢到位，球飞过小内侍的头顶，直落到高俅的身前。也是高俅时来运转，见球技痒，一时按捺不住心情，忘记了不是在自己的府中，却抢上一步，将球接住，使了个左拐踢起，跃起身来用右拐把球踢还给端王。这个花招名唤鸳鸯拐。高俅踢的不仅是姿势优美，而且那球也甚听话，不远不近，不高不低，正落在端王的脚前。端王且不去接球，却扭转身来问高俅道："你是何人？"

高俅忙上前跪禀道："小人叫高俅，是王枢密使差来送玉器、书札与大王的。"并忙将怀中的玉器与书札取出呈上。

端王且不理会书札玉器，却又问道："你也会踢球？"

高俅忙回禀道："小人胡乱会踢得两脚。"

端王道："好，你且解衣入场，一同来踢。"

高俅慌忙下拜道："小人是何等样人，敢与九大王一起下脚？"

端王笑道："这气球名为'天下圆'，人人踢得。你就入场来同踢何妨！刚才你不是已经踢过一脚了吗？"

明人绘《宣宗行乐图》蹴鞠局部

高俅再三拜谢，解衣入场与端王对踢起来。

这"二人场"踢球是要互相照应才能够踢得协调优美。高俅是练过上场踢球表演本领的人，应付这样的场面，自然是轻松自如，不管端王踢来的球高低远近，个个都能接到，又不急不徐恰好踢还到端王身前。端王从来没有踢过这样舒服称心的球。一场球踢过，只踢得大汗淋漓，心花怒放。

停歇下来后，便又叫高俅自己表演"一人场"踢球。高俅使出了浑身解数，一套套的花样动作，都是端王从来未曾见过的。那球又似有条线拴在高俅身上，任凭高俅百般摆弄，只不离开他的身前身后。高俅一连表演了十几套招数，端王越看越喜，忙唤内侍吩咐道："快去传话给王枢密使，他送来的玉玩和书札都收到了，连同送东西的人我也一并留下了。改日见面时，再一起致谢。"

从此，高俅便在端王府中做了九大王的亲信内侍，陪伴踢球游玩，朝夕不离。

高俅本来就生得聪明伶俐，又跟随过苏轼、王晋卿做过管书房的

131

小使从多年，对于诗、词、书、画、琴、棋、曲、舞，多有通晓，且又精通踢球，这些都正好投了赵佶的喜好，因此，日益得到赵佶宠爱，承欢侍宴，寸步不离。

又过了两年，到了元符三年（1100），宋哲宗一病不起，呜呼哀哉。哲宗身后没有皇子继承，于是，由皇太后做主，立了端王赵佶为皇帝，是为宋徽宗。

徽宗进宫，第一件大事就是选派一个亲信做宫中的侍卫首领，以保卫自己的安全。当天的第一道御旨便是封高俅为殿前司侍卫军指挥使，统帅殿前亲军。两个月之后，又超升高俅为都指挥使，做了东京皇城禁军的首领。原来，宋代禁军的总指挥是都点检，都指挥使只是个副职，但是，由于当年宋太祖赵匡胤曾担任过殿前都点检，统帅了后周的禁军，并在后周世宗晏驾之后，发动陈桥兵变，夺了周家的天下，建立了大宋王朝。所以，北宋的禁军统领便没有正首领，都指挥使就成了正印官了，相当于前朝的太尉之职。高俅从一个平民百姓，因为踢得一脚好气球，得到了端王的赏识，并由此爬上了太尉的宝座，于是京城里的人都叫他"一脚太尉"。

这高俅平步青云，得到了如此荣华富贵，是他自己做梦也没想到的事。因此他更加小心谨慎地侍候宋徽宗，对于朝中各派势力，从不得罪，也从不争权。在徽宗权势浮沉的宦海中，他倒也是一帆风顺，官运亨通。

且说孟宣自从打发走了高小官人之后，仍旧在江淮一带卖艺为生。转眼过去了六个年头，虽然他们卖艺的生意也还兴隆，但家中的生活却总觉得缺少了点东西。这时，慧芳已由妙龄少女长成了美丽的大姑娘，球踢得更好了，捧场的人也更多了。亲朋好友为慧芳提媒说亲的人络绎不绝。孟宣只有这一个独生女儿，又是在江湖上抛头露面惯了的，没有那种娇羞之态。每次提亲的人来，孟宣都要问问她自己的意愿，可是，得到的回答总是摇头。慢慢地，从闲话言谈之中，孟宣终于明白了，在慧芳的心里正思念着那个高小官人。其实，在孟宣的心里又何尝忘记了高小官人呢？只是这几年他一去没有了消息，不知是否已经投身到了东京？就是已经落脚在东京城里，这天子脚下的地方，住着上百万人口，又如何寻得到呢？但是，看到一天天消瘦下去的女儿，孟宣终于下定决心，丢掉江淮一带的买卖，到东京城去卖艺，顺便打听高小官人的下落。

孟宣来到东京城，投奔到圆社，在祖师爷案前烧香请酒，得到了众艺人的帮助，就在桑家瓦子勾栏里挂牌卖艺。以孟宣父女的绝技，不长的时间，就在东京城里轰动了。

从观众的口中，孟宣终于打听到了消息，高安已经改名为高俅，得到了官家的赏识，目前被提拔做了殿前司都指挥使，人称"一脚太尉"。打听得消息后，孟宣便拣了个休闲的时间，来到高帅府中寻找高小官人。

门公听说孟宣是高老爷的故交，忙招待至客房落坐，转告亲随内侍向高俅禀报。这时，高俅正在后堂与爱妾一起饮酒取乐。高俅自从当了都指挥使之后，万事称心如意，只是有一事天公不与作美，虽娶了一妻二妾，但是膝下依然缺少继承祖宗香火的儿子。这种不愉快的事情，自然会有一般帮闲的清客代为操心。他们在桑家瓦子勾栏中买了一个说唱诸般宫调的女子，名叫娇红，请命相家看过面相，是一个相夫宜男的像貌。说来也巧，入门不到三个月便暗结珠胎，因此格外受到高俅宠爱，朝夕欢乐，形影不离。这一日正在后堂里饮酒，娇红拿起玉牙檀板刚唱了一支曲子，忽见亲随上来禀报，临淮关的孟宣师父求见。高俅一听说是自己的恩师来了，骤然立起身来，刚要吩咐一个请字，只见娇红向他努了努嘴，又摇了摇头。高俅便叫亲随且在堂前侍候，便向娇红问道："你摇头是何用意？莫非是叫我不要见他？"

娇红道："此人是何等样人，怎么老爷马上就要接见他？"

高俅的脸立时红涨起来，口中嗫嚅道："是当年教我踢球学艺的师父。"

"这事'官家'可曾晓得吗？"一句话戳在了高俅的心坎上。娇红口里的"官家"便是宋徽宗赵佶。

当年高俅踢球技艺得到端王赏识时，端王曾经问道："你这般好脚头，曾经拜何人为师？"高俅拿着苏轼的荐书去见王晋卿时，曾谎说自己是在送苏学士的路上病倒了半年。王晋卿曾夸赞他不忘主仆旧情。此时，他怎么能再向端王说出详细的经过呢？因此当即向端王禀告："小人自幼在苏学士家当差，后来又到王枢密使家使唤，未曾涉身社会，也从未拜师学艺。踢球技艺完全是自己在练习中琢磨出来的。"当时，端王听了更加喜欢他。一来是喜他肯用心钻研学习，二来是爱他出身清白，未曾沾染上社会恶习。因此，端王即位后，便一再提拔他当了禁军的头领。如果现在端王知道他有对君上隐瞒不实的事情，该是会有怎样的看法呢？

娇红到了高府之后，早已把一切人的往事都探听得明明白白，就是高俅在临淮关那一段岁月，也是从与他的闲谈中得知的。娇红担心的不是什么欺君之罪，而是从他口中多次提到了师妹慧芳的名字。如果孟家父女进府，高俅怎能不勾动旧情？假使孟慧芳成了高俅的妻妾，岂不是要夺去她的宠爱。

娇红几个俏步走到了高俅身前："依贱妾的想法，老爷还是不见为好。老爷在府中会见了孟师父。孟师父到外边一宣扬，老爷是如何的尊重师父。东京城里人都知道了此事，谁不感到稀奇？一传十，十传百，用不了几天功夫就会传到官宦人家的耳中。想老爷这几年时间便春风得意，焉有不使人眼红之理？设或有人在'官家'面前奏上一本，说老爷和市井小民勾结，出身不洁，必然会对老爷的前程大有影响。"

娇红此话又说到了高俅的心病处。他最怕的就是朝中官僚挟嫌寻错。苏学士本来是清白无辜的，只是因为皇帝不喜欢多嘴的人，舒御史一纸奏章就把他贬到海南去了。高俅今天的荣华富贵，是靠小心侍候宋徽宗得来的。如果被别人抓到了错处，在宋徽宗面前奏上一本，他也可能会被充军到海南去。

"依你之见呢？"高俅问道。

娇红知道高俅已经屈服了自己，接受她的意见了。"依贱妾之见，现在挡驾不见，过几天派一个亲信的人去找孟师父，赠送给他们几百两银子，叫他们速速离开东京城，仍回到临淮关去，免得东京城里的人说三道四。"

高俅听了，好一会低头不语，后唤来亲随，吩咐门人挡驾。

孟宣一连两次到高俅府中求见，都被门人挡了驾；又过了两日，忽有一个都虞侯来见孟宣，送来了三百两银子作盘缠，说是作为孟师父回临淮关的行资。孟宣心里一下子明白了，是高小官人变了心，想抹掉那段师徒关系。孟宣不由得心灰意冷：想当年，我们是如何地待承他，不让他在案前拜师，养他在家里学艺，送他回东京找出路，都是为他的前途着想。今天，他忘了旧情，竟然不认师父，还不让我们在东京城卖艺生活，我孟宣岂是那种受人凌辱之人。

孟宣当即向那个都虞侯表示，既不接受银两，也不离开东京城。普天之下，有观众就有卖艺人的生活，什么时候离开东京城，是我们自己的事情，用不着别人操心。慧芳在房中也听清了此事，一腔热血扑在冷水里，由爱转恨。她想不到长得眉目清秀的高小官人竟然无情寡义。

我们孟家父女有脚有手，靠自己的本领吃饭，用不着攀附谁的高贵门庭。

光阴荏苒，夏去秋来，早已是桂子飘香、金风送爽的时候了。这一天，高俅早朝回府，坐在轿子里，却听见两个人边走边说道："兄弟，今天休息，你不会又到桑家瓦子里去看孟家父女踢球吧？你可真是着了迷，是叫老的迷住了，还是叫小的迷住了？"

"老哥，你这话可是扯远了，前天你休息时，也是在桑家瓦子孟家棚里泡了半天，你这是叫谁迷住了呢？"

"兄弟，你这嘴真厉害，一句话也不让人。说句老实话，东京城被孟家父女球艺迷住的又岂止咱们俩，就是'官家'看了他们的踢球，怕也会被迷住，只怕又要出个'一脚太尉'了。"

"嗯，听说他们父女就要进宫表演了，开封府已经打下了知单。"

高俅在轿子里听清楚了这些闲言碎语，本来就痛苦的心又被猛地敲了一下。这几日为了苏学士追赠谥号的事，已经搅得他心神不定了。

苏轼在徽宗登基那年就遇赦返回中原，到了常州家中。然而不到半年他就离开了人间。三年后，苏轼之子苏过听说陷害他父亲的宰相章惇、御史舒亶都被免职，特地从常州家中赶到京城，为苏轼办理追赠谥号的事，也就是要为苏轼贬谪的冤案平反昭雪。对于小主人来到东京，高俅是百般的殷勤招待。可是，关于追赠谥号的事，他却并不积极地出力帮助。因为，高俅知道，痛恨苏轼的人，朝中不光是章惇、舒亶二人，而且现任的宰相曾布、蔡京，也都是章惇的一党。他不能为了一个死学士，得罪了两个活宰相，因而他一言不发，听任苏过一人奔走。高俅虽是这么做了，心里却十分不安，想着当年苏学士抚养他的大恩，扪心自问，甚觉有愧。他只有把此心此情寄托在招待小主人的身上。他拿出了家中的山珍海味宴请苏过，把所藏的书画古玩供苏过赏玩娱乐。他甚至早晚亲自去关心苏过的起居。然而苏过仍是满怀抑郁，失望地返回常州老家去了。临行时，苏过慨然长叹人情冷暖，朝中竟然无人敢仗义执言。这话使高俅羞愧难当，痛苦万分。

就在他痛苦的心情尚未愈合之时，却又听到了一个消息，今年庆贺徽宗寿辰的天宁节，开封府送呈的表演节目单上，就有孟家父女的踢球表演。他后悔当初没有听从娇红的主张，串通开封府，把孟宣立时赶出东京城，现在惹出麻烦了。万一事情真像那两个路人所说的，"官家"看中了孟家父女的技艺，又出了个"一脚太尉"，他岂不是要失去皇帝的宠爱？即便不会如此，那孟老头不肯接受自己赠送的银子，是对欺师灭祖怀恨在心。如果他把临淮关收徒那段往事当众说了出来，同样会使他丢掉这锦绣的前程。人生在世，就是做人难呀！他高俅已经是当朝太尉，富贵荣华无比，还有难以处理的窝心事啊。

娇红是何等聪明的人，在桑家瓦子勾栏中见多识广，接触过三教九流，经历过酸甜苦辣，惯会察言观色，见风使船。她侍候好高俅换了朝服衣帽，便从高俅的面色中察觉到他有解不开的难题了。待到一杯热茶喝完，在娇红的询问下，高俅便一五一十把孟宣要在天宁节寿辰进宫表演之事说了出来。

"依老爷的心意，就让孟师父这么顺顺当当地去见'官家'？在朝堂之上当众表演？这样下去，总有一日他会在'官家'面前揭开老爷当年的底细！"

"这事岂能由我作主，开封府尹已经下了知单，礼部也已经定下了仪制，我一个管军事的官员岂能擅自改动。"

娇红听了扑哧一笑："仪制虽是由礼部制定，这殿前须是由老爷管辖的地方，就不能想个法子把他们赶出去。"

"赶走为官家祝寿的表演艺人？"

娇红又是一笑："而且是当着官家的面，光明正大地赶出去，让别人没有闲话说。你过来，我告诉你，我这是在桑家瓦子时，别人告诉我的一个整人的绝招。"

高俅走了过去，娇红在他的耳边叽叽咕咕说了一阵。高俅脸上一阵红一阵白又一阵青，终于还是点了点头。

十月十日是宋徽宗的天宁节。万寿宫中大摆宴席，文武百官都入宫朝贺。宴席上摆的是天下进贡来的山珍海味。宴席前演出的是开封府呈献的百戏节目。在喝完第六盏御酒的时候，教坊司乐部奏起了轻音乐，枢密使童贯率群臣离座跪拜，三呼万岁。随后，殿前承旨官高呼："左右军进殿，表演筑球。"这时，殿前侍卫军早已将一副球门架竖了起来。这球门架三丈多高，是用两根绘了金龙的单柱子伙扎起来的。顶端五尺用彩绸络网。网子中间留下了二尺直径的小球门。两边的球队队员要把球从这二尺的小门中踢过。

随着音乐的声响，两队球员跟随球头（队长）走进球场，一齐向皇帝叩拜，山呼万岁。左队的球头是汴梁城著名踢球艺人苏述。他头戴长脚幞头，身穿青色锦袄，脚着布底短靴；身后六名球员也是一色的青锦袄，布短靴，只是头上戴的是短脚幞头。右队的球头便是孟宣。他身着红锦袄，布短靴，头戴长脚幞头；身后六名队员也是一色的红锦袄。趁着两位球头率领队员向上参拜之际，高俅偷眼观看孟师父，只见他身体还是那样壮健，神采奕奕，只是幞头下的两鬓已见丝丝白发了。回想当年在临淮关师父待自己的情意，高俅心里不由得荡起了一阵悲酸，想不到六年后师徒两人会在这个场合下见面，更想不到师父将在三次踢球不过门后，被当场抽打麻鞭，赶出宫门。而这个事故，却是由师父教出的徒弟一手制造的，高俅想到这里不由得身上冷汗直出。只是在心里祈祷："师父呀！师父！你饶恕你这个不肖的徒弟吧！我这也是人在官场，身不由己，不得已正为之的啊！"

两队球员隔开球门架在自己的半场上站好之后，首先由右队球头孟宣开球。他用手将气球抛入空中，等待球落下之后，便使了个鲤鱼拨水，用膝一顶把球传给了骁色。骁色用肩把球接住，从背后落了下来，使了个背剑拐踢与次球头。那次球头正向皇帝跪拜，似乎并不知道有球传递与他，待到球要落地时，突然是一个急转身用佛顶珠把球顶起来传给了球头。那身段的伶俐，姿势的优美，传球的准确，一下子便博得了一个满堂彩。高俅只觉得眼前一亮，这姿势、这身段是多么熟悉。他仿佛重又回到了临淮关瓦子里的表演场上。这时孟宣接到了球，踢了一个外拐，把球调整好高度，然后一个大脚把球射向球门，正当他望着球要透门而过的时候，却只听卡嚓一声，球却从网子上被撞了回来，落在本边场子中。第一次射门失败，引起了宴席上一片喊喊喳喳的议论："还说是江淮一带有名气的踢球艺人呢？第一次射门就没能踢进去！"

右队竿网下的守网队员急忙赶上前去把球接住，不让气球落地，踢了一个花样动作便传球与骁色。骁色又将球传与次球头，次球头再将球传到球头孟宣的脚上。第一次射门不过，孟宣心中就有怀疑：明明看准了是进了球门，为什么会被撞了回来呢？莫非是力量不足，被彩络的搭扣挡住了。这一次他运足了气力，看准了球门，又是一个大脚踢去，口中喝了声"着"。说也奇怪，那球飞到了球门口，却又被撞了回来。孟宣这时身上急出了一身冷汗。宴席上的文武百官更是议论纷纷："真是笨蛋！一连两次都射门不过。凭这种本领还要到宫里来表演，告诉教坊司准备好麻鞭子，鞭子上多沾点水，狠狠地抽他一顿，让他吃点苦头，回去就会好好的练功了。"

气球又在右队的场子上传来传去，这一次再射门不过，就是完全失败，球头就要挨鞭子了。踢球的人都小心翼翼，不敢再踢出难度花样，只求传球准确。谁知，球传到次球头的脚上，他竟不把球传给球头，却自己使了个童子拜观音把球踢起，然后一个大脚，把球踢向了球门，只见球门架摇晃了两下，球却透门而过落到了左队的场子上。宴席上的百官齐喝一声彩："还是这个次球头的本领高，他一脚球就过门了。"

这回高俅认清楚了，这个右队的次球头便是他的师妹孟慧芳。

当开封府尹打下知单要孟宣在天宁节进宫表演时，慧芳就有点担心。高小官人忘恩负义，欺师忘祖，现在他正是管辖着殿前侍卫军的大官，能容许他不承认的师父尽意表演技艺去得到"官家"的赞赏吗？依她的意思是不应这个差。岂奈爹爹只是一心往好处想，"官家"喜爱踢球，这一次他要施展出浑身本领，表演给朝廷百官观赏，压倒那个江湖败类"一脚太尉"，出一出心头的怨气。看着爹爹执意要进宫表演，慧芳便提出让她女扮男装，跟随爹爹进宫，以便在紧急时刻能帮爹爹一把。孟宣虽然不愿意让女儿去那种是非之地，但是十几年的合作，和女儿踢球的默契非他人可比，真的是没有了她的帮助，气球怕难以踢好。于是，便在开封府里使了钱，让她在队里当上一名次球头。当孟宣第一次射门不过时，慧芳就迎着日光看到，球门被白色的丝线网住了。

慧芳来到东京之后便听苏述叔叔说过，凡是在朝廷大宴中表演踢球的艺人，都要给殿前的侍卫军卒使钱。如果钱使得不够，侍卫军便在立球门架时，用白色丝线把球门网住，球头三次射门不过，就会被麻鞭子抽打，赶出宫门，永远不许再进宫表演。这种丝线网都是活扣，结在球门边上，一拉就开，这是怕被"官家"看出来，或者是，胆大的艺人当面告御状，放倒球门架时，一拉线扣就会消灭了罪证。用什么法子解救爹爹的危难呢？一个不能饮酒的文官偷偷地把一杯水酒倒在地上，一下子解开了慧芳的心窍。把球皮沾上水加重气球的重量，再使足了气力，照准打活结的地方射门，一定能撞开网线。因此，当孟宣第二次射门不过时，慧芳就准备好了一个湿水的气球，借着用童子拜观音低头之际，把场上用的气球藏过，把怀里的气球抛了出来，换上了一个湿水的气球。她运足了气力，一记过硬的射门，果然撞开了丝网。孟宣两次射门不过，苏述早已看出了中间有鬼，待到接起慧芳踢过的湿球，心中已完全明白了。他既佩服慧芳的机智和精湛的球艺，也痛恨那些使坏坑人的殿前侍卫军。这一次我们是使足了钱，你们仍要使坏，以后的日子该怎么办呢？趁着这次丝线断扣，余迹仍挂在球门之上，只要把球门架放倒，作弊使坏的证据就能当面揭穿。正在苏述思考之际，慧芳从球门那边把那只干的气球也踢了过来，踢出了球场上有两只球的流星赶月。苏述一下子明白了，慧芳侄女的意思是要把两只球追到一边，一齐双飞踢向球门柱，球门架就可以放倒，那时球门上的弊端就可以立见分晓了。

高俅见慧芳一脚劲射撞开了球门丝线，不由得心中大惊，又见场上出现了两只球，踢出了流星赶月的新花样，预感到将要发生什么不测之事。急忙起身离座，佯借方便之机，解下腰间的一件名贵玉器，玉鸳鸯带扣，走到枢密使童贯的身前："有劳恩相，下官有事借一步说话。"

两人走出殿外，高俅双手奉上那件玉鸳鸯带扣。这是童贯早已垂涎的一件珍宝，接过在手，大喜望外。

"莫非是有什么事情要我遮盖？"

"殿前的这场球不能再踢下去了。"

童贯点了点头，说："知道了。"

童贯回到了殿上，只见宋徽宗正看踢球表演的新花样，全神贯注，内侍上前禀报："启奏陛下，内等子相扑，已在武英殿准备就绪。"童贯急忙起身跪奏道："集体相扑，是这次天宁节的压台节目，'官家'起驾前往吧！"

宋徽宗虽然看这踢球的新花样表演正在有味之时，不想离座，但是今天的贺寿大宴，是由枢密使安排的，他不便随意更动，便宣旨起驾。

正在两只球都赶到了右半场，孟宣父女两人使足了气力，两球齐射，将球门柱推倒之时，殿前一片惊愕之声。宋徽宗早已离开了万寿宫，起驾去武英殿了。

高俅抹下了头上的汗水，庆幸自己能化险为夷，没有当场露丑，保持住了自己的荣华富贵。

后来怎么样了呢？后来，孟宣父女被开封府尹赶出了汴梁城，仍回到江淮一带卖艺为生。高俅靠着谨慎小心，保持住了他的富贵生活二十年。直至靖康初年，宋徽宗被迫传位给他的儿子宋钦宗，高俅才被免职回家养老。又过了十年，一位北宋的老臣孟元老，怀念汴梁城的繁华兴盛，写了一本《东京梦华录》，把孟宣踢球绝技表演写在书中。又过了三十年，南宋朝孝宗乾道六年（1170），朝廷复查了苏轼的冤案，予以平反昭雪，追赠谥号为文忠公。又过了一百年，在口口相传的故事《水浒传》中，高俅便被人描写成为一个搬弄是非、作恶多端的小人。这大概就是中国传统道德观念的反映。对于忘恩负义、背信弃义之徒，人民是深恶痛绝，把他归入了小人一类。

本文系根据南宋王明清《挥麈后录》卷七："高俅者，本东坡先生小史，笔札颇工。东坡自翰苑出帅中山，留以予曾文肃，文肃以使令已多辞之。东坡以属王晋卿。元符末，晋卿为枢密都承旨，时祐陵为端王，在潜邸日已自好文，故与晋卿善，在殿庐待班邂逅，王云：

'今日偶忘记带篦刀子来，欲假以掠鬓，可乎？'晋卿从腰间取之。王云：'此样甚新可爱。'晋卿言：'近创造二副，一犹未用，少刻当以驰内。'至晚，遣俅赍往，值王在园中蹴鞠，俅候报之际，睥睨不已。王呼来前，询曰：'汝亦解此技邪？'俅曰：'能之。'漫令对蹴，遂惬王之意，大喜，呼隶辈云：'可往传语都尉，既谢篦刀之贶，并所送人皆辍留矣。'由是日见亲信，逾月，王登宝位，上优宠之，眷渥甚厚，不次迁拜。其侪类援以祈恩，上云：'汝曹争如彼好脚迹邪？'数年间建节，循至使相，遍历三衙者二十年，领殿前司职事，自俅始也。父敦复，复为节度使。兄伸自言业进士，直赴殿试，后登八座，子侄皆为郎潜延阁。恩幸无比，极其富贵。然不忘苏氏，每其子弟入都，则给养问恤甚勤。靖康初，祐陵南下，俅从驾至临淮，以疾为解，辞归京师。当时侍行如童贯、梁师成辈皆坐诛，而俅独死于牖下。"编写成为故事。

（原载《体育文史》1985年第6期、1986年第1期）

143

双 燕 图

北宋崇宁年间（1102—1106），东京汴梁城，正是繁华兴盛，灯红酒绿，歌舞升平的时期。杂技艺人许贵老头一家，自从在桑家瓦子勾栏中挂牌演出以来，一天两场，一个多月是场场客满。也多亏两个女儿多才多艺，杂耍玩艺儿花样翻新，天天都有两套新鲜的表演动作吸引观众。开场锣一敲响，看棚里的座位就满满地坐上了观众。

第二场节目演完。已是掌灯时分，金燕连演出服装也来不及更换，便拉着妹妹银燕到后台去排练新动作了。几年流浪江湖的生活经验，使这个涉世不久的少女已经懂得，要在杂技艺人众多的开封府站稳脚跟，能够混碗饭吃，必须要有两套高出常人的绝招。父母双亲都已经年老体衰，弟弟尚且年幼，杂技场上是上不养老、下不养小，这全家生活的重担，只能由她这个长女来承担了。

金燕年幼时跟舅舅上过两年学，认识了千把个字后，便跟随父亲外出卖艺，流浪江湖。她走过的地方多，见识广，又本性爱美，心灵手巧，凡是看过的秀丽风景，奇鸟异兽，鲜花，都偷偷地用笔画在纸上。起初，画得并不像，后来越画越好。她便把它们都留存下来，日积月累，竟积存了厚厚的一大本个人画册。前年在杭州城瓦子里演出时，经常有一个人坐在龙头座位上，一面看她的表演，一面却用笔在纸上作画。有一次演出间歇，金燕大大方方地招呼那青年，要他手里的画来看看。天哪！一张张画的都是她自己演出的各种姿势。她看了之后，爱不释手。后来，他们熟悉了。她也给他看了她的画。他惊奇于她的绘画才能，也赞美她的聪明，并指点了一些不足之处，说明绘画不是描图，不是再现物体，而是要创造美，表达自己心灵美的感受。

他们从此经常在一起谈画、谈演出、谈美、谈人生幸福、谈生活中的美、谈在杂技中美的创造和美的享受。金燕对这个青年产生了爱慕，而青年也爱恋着她。每天演出，那个青年都固定坐在那张龙头座位上。

这个青年名叫李云，原是某学府中的秀才。他不爱科举文章，酷爱绘画，竟因此耽误了科举上进，也荒废了田产家业。家中父母双亡后，他只能靠出卖自己的字画勉强糊口。

家贫如洗，缺少财礼，不能担负许贵老头一家人的生活，当然也就不能够娶金燕为妻了。可他又割舍不下金燕。当许贵老头一家在杭州结束演出，一路向北走州闯府、流浪江湖时，李云便离开了自己的家，跟随着他们，做一个忠实的场下观众，靠有一手能写会画的本领，倒也能到处混一碗饭吃。来到汴梁城之后，也是机缘凑巧，李云在潘楼前卖画，碰到了御前画院的著名待诏张择端。张择端见李云的画技纯熟，形神俱佳，便收他作学生，带他到画院中食宿学画，成为一名编外的画院待诏。

李云每天除了学画之外，便是到桑家瓦子勾栏中看金燕演出。

许贵老头明知道女儿爱恋着李云，却又不能顺遂女儿的心愿，他只有每天焚香祈求上苍，保佑他们的生意兴隆，能积攒起几十两银子，让女儿结婚成家，不再抛头露面。他们一家人能过上温饱的日子。

正当许贵老头清扫完场子，要关上看棚大门之时，从大门外闪进两个人来。来者一老一少，老的头戴长脚幞头，身着绯色的宽衫，腰系一条白玉挂钩的腰带，白净面皮，三绺长须，富贵中带股威严的气色；年少的是仆从打扮，软纱头巾，褐色长袍，双穗丝绦系腰。

许贵老头见了急忙上前深深打躬："今天晚场已毕，客官明日请早。"

那年少的仆从在身后高声喝道："这是开封府尹李大人。来此，有话吩咐与你。"

许贵老头听说是开封府尹大驾亲临，有事要吩咐，吓得脸色发白，手脚发抖，又是打躬，又是请罪，不知如何是好。

李府尹却不计较他的礼节，只是微微一笑，选了一个前排的龙头座位，上前坐下。

"咱家此来，并无别意，只为今年十月十日是当今圣上的天宁节日，满朝文武官员都要进献乐舞节目。当今圣上，天资聪明，一切玩乐之事，无所不精。历年来的天宁节，文武百官进献的表演节目，也看得多了，看得厌了，因此，咱家今年要进献一些新鲜的玩艺儿。听说，你的两个女儿杂技节目新鲜的东西很多，双荡秋千在空中换飞，就很有意思。秋千含有千秋长寿的意义，是祝寿宴会上的好节目。咱家还想花样翻新一些，在水面空中表演，可以翻筋斗入水，这一定会得到'官家'的欢心。现在你们就收拾场子，不要在这勾栏里演出了，叫你的两个女儿搬到开封府中居住，吃饱睡足就排练新节目，天宁节时，进宫里去表演。"

许贵老头听说要叫他的两个女儿去排练新节目，进献给"官家"祝寿，不由得身上冷汗直出，浑身颤抖，扑通一声跪倒在地，哀求道："请李大人开恩，小人只有这两个女儿，这一家的衣食，后半生的温

饱，全靠她们两人赚钱养活。把她们送进宫中表演，就是断了我们一家
人的生路。"

李府尹听了哈哈大笑："天宁节进献的节目表演不是教坊司的朝
廷乐人，进宫表演之后仍旧可以出宫。你的两个女儿演完了天宁节寿庆
日的节目，咱家依然还你在这桑家瓦子演出就是了。在天宁节前的这段
日子里，你一家人的衣食开销，也都由咱家供给。在天宁节上只要你女
儿表演的节目能使'官家'满意，说一声好字，咱家就赏你三百两银
子，作为后半生衣食之资。"

许贵老头知道，李府尹说的话只有三分是真的。凡是进宫庆贺表
演的节目，如果被"官家"看中了意，便会降下圣旨，将艺人隶属于教
坊司，成为宫中的乐人，从此便和家人不能见面了。如果演出不成功，
触怒了"官家"，就会当众用皮鞭子抽打，赶出宫外，永远不许再进宫
演出。只有那些不好不坏的节目，既不让"官家"满意，也未让"官
家"讨厌，才能像李府尹说的那样，还你一个自由的身子。如今，女儿
进宫表演的是新节目，如果"官家"说一声好，便是看中了，是满意，
哪儿还会允许她出宫？如果是演砸了，名声扫地，这一生的饭碗也就没
有了。再说，排练新节目要按着李府尹的办法做，在水面的空中翻筋
头。谁知那是什么样的动作，万一失手，女儿也就没命了。怎么能够平
安的回来，依旧在这瓦子里表演呢？想到这里，许贵老头悲从中来，跪
倒在地上，苦苦的哀求："小人的女儿愚蠢无知，只怕进宫时表演得不
好，反而会误了大人的大事。万望李大人高抬贵手，饶了小人一家的性
命吧。"

那李府尹见软说不成，立时板下了面孔："你这老头，真的是不
识抬举，咱家送给你这一生的衣食富贵，你偏偏不要。难道说是要咱家
出一通告示，封了你的勾栏大门，把你的两个女儿锁拿到衙门中去，你

才能够听从我的话吗？"

李府尹和许贵老头在前场的争吵，金燕在后场早已经听得一清二楚，不由得心里一阵酸楚，大滴的眼泪落了下来，心里暗暗思忖：我的命运怎么这样不济，生在这样一个卖艺的家庭，身子已经不能自由，现在，官府又要来传唤，连亲人也不能在一起团聚。俗话说："官吏上门，不是破财便是死人。"何况今天来的不是一般的官吏，而是开封府尹大人，父亲就是哀求又有何用。为今之计，只有牺牲我们姊妹二人一生的幸福，替父母多要求些好处才算是上策。

想到这里，金燕便拉着妹妹从后场走了出来，来到李府尹的面前，深深拜了两拜。启齿说道："李大人能看中小女子这点儿玩艺，献到宫中给'官家'祝寿，这是大人对小女子的抬举。小女子怎敢违命？只是小女子父母实在是因为家庭生计困难，才向大人求情，还请大人见谅。"

李府尹见金燕说话口齿伶俐，条理清楚，而且没有违抗之意。便和颜悦色地说道："只要你通情达理，愿意进宫祝寿，咱家说的话，是可以商量的。"

金燕道："刚才李大人说，小女子进宫演出之后，给小女子父亲三百两银子作为安家费。小女子家中实在因为贫穷无奈，才叫小女子抛头露面，养家活口。如今，小女子随着大人入府排练，家中老小生活困难，李大人可否先将三百两银子与了小女子的父亲，让他做个小本营生，也好糊全家之口。"

李府尹见金燕答应进宫献技，便满面春风连声说道："可以，可以。咱家这就将银子交付与你父亲。你们也可以早点安心进府去排练新的节目。"

待到第二天，李云赶到桑家瓦子勾栏来看金燕头场演出时，只见勾栏的门前挂了一张通告："许家班子已到别地演出，此处暂停。"李云急忙找到了许贵老头，听许贵老头哭诉了事情的经过。金燕姐妹这一去，深宫似海，只怕是终生再难见面了。李云心如刀绞，呆若木鸡。一连几天，张择端看见李云好似失魂落魄，茶饭无心，一点精神也没有，便问他，是否生病了？他只是摇头；教他的画课，全无心思练习，每天只是在纸上画燕子，一张又一张，画了几百只。李云笔下的燕子虽是或姿态矫健，或精灵活泼，但，燕子的眼中却都有凄苦之神。张择端知道，这小青年心中必然有难言之痛，再三逼问，李云方才吐露了真情。李云对张择端诉说了自己他是如何爱恋上金燕，又是怎样从杭州一直跟随到了东京；现在金燕又是如何被开封府尹逼迫，要在天宁节进宫演出，只怕是从此以后再也没有见面的机会了。

张择端听了李云的诉说，不由得心头火起，怒从中烧。这一班狼心狗肺的官吏，总是想方设法讨好"官家"，坑害百姓。他虽有义愤，却是无可奈何。张择端虽有接近"官家"的机会，但是，一个御前画院的待诏，只不过是个陪皇帝消遣娱乐的角儿，哪里会有进言的资格呢？如此该怎样才能解救金燕一家的苦难呢？张择端不停地思考着。

看到李云那悲苦的神情，看到李云画的几百只饱含人世悲酸神态的燕子，张择端忽然灵机一动，心生一计。他忙叫过李云，低声附耳，交待了一番。李云听罢舒展了眉头，转悲为喜，感谢恩师的情义，打起精神，按照张择端的吩咐行事去了。

且说宋徽宗赵佶本是一个风流名士般的皇帝，对国家的政事，他可以不闻不问，委任给权臣处理，自己终日陶醉于休闲娱乐之中。什么诗、词、歌、赋、琴、棋、书、画、蹴鞠、击球、品竹、调弦，他无一样不爱，无一样不会，又无一样不精。他尤其精于书画，擅长花鸟，观察入微，笔法细腻，色彩艳丽，经常画些扇面等小玩意儿赏赐给大臣。

朝中官吏凡是能得到宋徽宗的赏画，都当作是最大的奖赏，把纸画视作是珍宝之物收藏。

这一日下朝无事，宋徽宗来到御画院中休闲消遣。

进到画室，只见室内静悄悄的，原来待诏们都在大厅中商讨长卷画《清明上河图》的布局。徽宗便来到张择端的画桌前面，看看他最近又有什么新作。只见桌上放了一张纸画，是《双燕图》，淡淡地几笔烟水，两株绿柳，一双燕子在空中飞翔。图中没有过多的渲染春色，但是，从那两只比翼飞翔的一双燕子身上，却能使人感到春意盎然的乐趣。这是一幅构思巧妙的花鸟画，从笔法上来看不是张择端的画作，是谁的呢？正当徽宗沉思之际，张择端已得到内侍的通报，赶来见驾。

行过大礼之后，宋徽宗便手指《双燕图》问道："这幅小画，是先生的近作吗？"

张择端忙躬身回奏："这是臣的一个学生近作，交臣评品，不想得入'官家'圣鉴。"

宋徽宗称赞道："年轻人能有这样的笔法，前途未可限量。只是细品此作，尚有不足之处。整个画面是充满了欢乐气氛，然而，这两只燕子的眼神中却未见有欢乐，反而带有凄苦之情。这就是年轻人作画不够细腻的地方了。"

"'官家'圣鉴，真乃是法眼透纸，切中要害，微臣当把圣意传达给他。此子近来确实是心情不佳，不知不觉便将他的凄苦之情流露在画面上了。"

徽宗见自己品画及人，一语中的，十分高兴。忙问道："年轻人莫非是遇上了什么不如意的事情？"

"此子家贫，心上人是一卖艺女子。不料该女子近日被官府传唤，欲在天宁节入宫表演。此子深恐宫门似海，一入宫门便隶属于教坊司，永无团圆之日了。"

宋徽宗沉吟了一会儿，说道："先生可转告此子，无须忧虑。他们夫妻会得到团聚的。不知先生能否割爱，将这张画送给朕赏玩？"

张择端忙叩头谢恩。说道："此子知道是'官家'恩惠，必然会感恩图报。小画能入'官家'圣鉴，也算是万分荣幸了。"

十月十日，宋徽宗的天宁节宴会是在宫中临水殿上举行。这一天，全朝三品以上官员都入宫庆贺。文武朝臣进献的乐舞百戏艺人，齐集在宝津楼后听宣。

宋徽宗笑着向枢密使童贯问道："今年的宴会设在临水殿，莫非是有什么水上表演的节目？"

童贯回奏道："'官家'真是圣明，无微不照。开封府尹李邦彦进献了一个水秋千节目，祝贺'官家'千秋万岁。"

"好！这个名称就十分应景，内容一定也好。朕一定要好好看看！"

临水殿上的宴席，喝完了第九盏御酒，表演的节目到了最后。这时，教坊司乐队吹奏起了合欢曲，两只彩绘的大龙船，由殿后慢慢地划到了殿前。金燕、银燕姊妹俩坐在船舱里，仔细地观看大殿上的宴席：只见宋徽宗龙袍衮服端坐在大殿正中。亲王、宰相及金、辽、西夏诸国使臣陪坐在大殿两侧。文武百官都是坐在廊庑之下。殿前金枪班校尉立于御阶之下，真是威穆严肃，令人生畏。银燕看了吓得脸色苍白，拉着姐姐的手说："姐姐，我怕，我怕演不好，会挨这皇帝老官的一刀。"

金燕此时的心也扑通扑通地乱跳。平时在市井瓦子里表演，面对的都是些普通市民观众，演砸了，最多是听上两声喝倒彩，爬起来再重新表演，说上两句请父老乡亲帮忙的好话，便过去了。今天，面对的是握有生死大权的皇帝和百官，而且是一个从未在观众面前表演过的新节目，万一演砸了，轻则是麻鞭抽身，赶出宫门，在开封府再也没有她们立身卖艺之地；重则可能会坐牢、杀头。但是，这几个月流汗拼命为的是什么？不就是要创造一个新的节目，让人们欣赏、称赞、叫好的吗？管他面前坐的是什么人？是人就长两只眼睛。两只眼睛都是爱看漂亮动作的。表演就是要创造美，把美留在他们的眼里。

她紧紧抱住妹妹的肩头，脸靠着脸，轻声细语地说道："怕什么，他皇帝老官也是人，也有人心。咱们几个月流的汗水有几大桶，不就是为了今天表演吗？小妹，你是不会怯场的。想想咱爹、娘、小弟都在家里等我们的好消息，你就会有力量！只要咱们今天表演好了，就能回家和爹、娘、弟弟团聚。"

金燕的话是给妹妹定心，也是鼓励自己的。这几个月来，埋在她心里的希望就是和家人团聚。除了父母弟弟之外，还有那个知心的爱人。以前每日见面，仿佛该说的话都已说尽了；现在几个月不见，才知道有许多心里的话还未曾向他诉说，尝到了相思的滋味。相爱的两个人是不能分离的。这次能够回家，一定要向父母表明，不要李云一文财礼，嫁给他，结婚之后她仍旧可以卖艺养活父母。

殿前的鼓乐戛然停止，教坊司的都虞候向银燕招一招手说："上架"。

银燕出了舱门，先向殿上行了三拜九叩首的大礼，便登上了竖在船头上的秋千架，运足了腿力，将秋千荡起，愈荡愈高。秋风把她一身的绸衣吹起，真有点飘飘欲仙的姿态。待到秋千板荡起与木架相持，离水面已有三丈多高，银燕早已横下一条心，纵身一跳，飞入云端，像一只凌霄的燕子，随风翱翔。直到她要向下坠落时，她才想起应平举双手，增加平衡的美，但只是一刹那的时间她就坠入到水中了。她这个不太成功的动作，人们并没有察觉，宋徽宗和群臣只看见了一个凌波仙子，在天上飞翔了一阵，然后潜入到水底。美、奇、险、巧，使人屏息凝神，耳目一新。殿上殿下齐声地喝起彩来。

银燕第一跳没有演砸，增强了金燕上场的信心。她登上秋千架，荡平了秋千板，纵身一跳，飞入空中，平举起双臂，抬头挺胸，像一只入云的仙鹤，翱翔空中。将要下落之时，她却突然低头团身，连翻两个筋斗，再伸展身体，穿入水面。在场看客无不感到新鲜惊奇，只恨时间太短，没能看够。一时间，殿上殿下骤然响起更加热烈的喝彩声。

宋徽宗转身笑对童贯说："李邦彦这个主意想得好，天上的仙子也下凡来为朕祝寿了。"

正在此时，乐部吹起了短笛，悠扬婉转，入耳沁心。只见金燕姊妹俩都换上一身宽袖紫色绡衣，上了船头的两架秋千，同时荡起秋千

元人绘《龙舟夺标图》水秋千局部

板，同时跳离秋千飞入空中，同时伸展起双臂在云霄中飘荡，也同时翻筋斗入水，就像是两只掠水的春燕。

童贯情不自禁的拍手称赞道："好一幅双燕掠水图！"

这句话一下子触动了徽宗，原来张择端画案上的《双燕图》就是为此而作的。这样两个色艺俱佳的美人，不能留在教坊司里为宫廷表演娱乐，实在是可惜了。但是，前天自己已亲口应允了张择端，不使那对年轻的有情人经受夫妻分离之苦，现在怎么能自食其言呢？当童贯上来请旨，是否要将金燕姊妹隶籍教坊司时，宋徽宗摇了摇头："不用了，告诉开封府，多给些金帛，让她们回去和家人团聚吧！"

当李邦彦听了宣旨，知道宋徽宗没有收留金燕姊妹入教坊司乐籍时，十分惊奇。这个喜欢玩乐的皇帝老官，怎么能够看不中他精心设计的玩艺？经过多方打探，他才知道了有张择端进献《双燕图》这一事情的经过。

本文系根据《东京梦华录·驾幸临水殿观争标锡宴》："又有两画船，上立秋千，船尾百戏人上竿，左右军院虞候监教鼓笛相和。又一人上蹴秋千，将平架，筋斗掷身入水。谓之'水秋千'。"

王珪《宫词》："内人稀见水秋千，争擘珠帘帐殿前。第一锦标谁夺得，右军输却小龙船。"编写成为故事。

（原载《体育文史》1991年第1期）

跤 场 择 婿

艾吉阿姆倚窗而坐。

今晚，草原上的月亮格外皎洁，微弱轻盈的小风，不时为她送来阵阵的花香。她无意赏月观景，心被远处驿馆里辉煌的灯光压得沉甸甸的。是的，是到了该下决心的时候了。

"艾吉阿姆"，蒙语的意思是明月。因为艾吉阿姆出生在八月十五日的明月之夜，所以妈妈为她起了这个名字，并希望女儿长大成人后能够像月神嫦娥那样美丽而文静。不过，她成长后并没有顺遂妈妈的心愿。这是由于，她的父亲海都王整年都跟随着忽必烈汗东征西战，小艾吉阿姆是在马背上长大的。她和男孩子一样，学会了蒙古草原上骑马、射箭、摔跤——"男子三项竞技"。在蒙古那达慕大会的摔跤场上，她多次夺得了冠军，是一流的跤场竞技者。她聪明伶俐，体态结实而矫健，有人说她是太阳神羲和而不是月亮神嫦娥。她的爸爸海都王更是当着众人的面夸赞她说："我的女儿是草原上的雄鹰，不是天上的月亮。月亮只是能供人仰望的天上美景，雄鹰却是飞翔在天空慑服众鸟的猎手。"

王爷家的郡主、草原上的雄鹰、年轻美丽的姑娘，哪个小伙子不羡慕、不来追求呢？还未长满18岁的艾吉阿姆华帐前边，每晚都挤满了来求婚的男青年。他们骑着骏马，穿着华服，弹着马头琴，把一支支求婚的响箭射向艾吉阿姆的帐顶。艾吉阿姆不胜其烦。她不愿意过早地结婚，但又不能拒绝求婚者。于是，她便请求父亲对外宣布："决定艾吉阿姆婚姻大事的地方不是在华帐前，而是在跤场上。凡是能三跤两胜赢了艾吉阿姆的人，便可以做她的夫婿。但是，求婚的先决条件是要带一百匹良马来，凡是输了摔跤的人，这一百匹良马就算是奉献给艾吉阿姆做添妆的礼物了。"

条件虽然苛刻，但是却吸引了各地的富家子弟。前来求婚的人依然络绎不绝。他们赶着马群，带着侍从，从千百里外遥远的地方赶来。不过，大多数求婚者都是欢天喜地而来，垂头丧气而归。原因是，他们个个都不是跤场上的胜利者，只能把带来的马匹送给艾吉阿姆作礼物。只有失败，没有成功的希望，求婚的人渐渐地稀少了，眼看艾吉阿姆已经二十多岁，过了草原上姑娘出嫁的年龄。

前天晚宴过后，海都王和王妃把艾吉阿姆留了下来。海都王对女儿说："孩子，你已经长大成人了，该出嫁了。总不能在跤场上称雄一世，连个家也没有吧？昨天，霸突鲁派了使者送信来说，他的王子帕马要带一千匹良马来向你求婚。霸突鲁是大汗驾前最得宠的丞相，如果我们两家能结成姻亲，他就会把我的封地由天山西边向东迁移，离和林草原近一些。阿爹老了，思念家乡，也想念驰骋过的草原。让爹爹回到家乡去欢度晚年吧！孩子，我和你妈妈都同意了这门婚事。帕马是个在富贵人家长大的孩子，摔跤本领是'三脚猫'，比你差远啦。要想成就这门婚事，只有你在跤场上让他一手，才能名正言顺地成功。"

艾吉阿姆低着头没有作声。她已经习惯了在跤场上威风凛凛，真有本领的人。她是愿意甘拜下风的，要是叫她让谁一手，俯伏在一个

"三脚猫"的面前，她是顺不过这口气来的。更何况，这事还牵连着自己的终身大事。她看过的公子王孙多了，哪一个不是绣花枕头，草包一个？难道能和这样的人生活一辈子？但是，她现在又不能断然拒绝父母的要求。父亲的确是老了，当年在战场上叱咤风云的威风消失了。他只想回故乡的草原去安度晚年。可是，忽必烈大汗却把和林当作是发祥的宝地，只封给宗室近支的亲王，就连天山东边靠近蒙古的地方，也不封给他们窝阔台这一支。其实，按照当年太祖成吉思大汗的意思，大汗是要传位给他们窝阔台这一支的。只是由于定宗爷爷去世得早，宪宗才得以继承汗位。大汗皇位就落到了忽必烈这一支的头上了。忽必烈大汗对待两支宗亲的待遇并未同等看待。就以阿八哈来说，他比海都王的战功少多了，可是封地却比海都王的大，又是在天山的东边，地肥草盛。为了两家封地放牧的边界问题，阿八哈和海都王曾经发生过不少次争执。每一次的结果都是阿八哈得到大汗的袒护。海都王希望和朝中的权贵结亲，能有个坚实的靠山。这是可以理解的。可是，女儿的终身大事，又怎么可以草率了结呢？

艾吉阿姆只是低着头不作声。海都王却以为女儿已经默认了。还是母亲最知道女儿的心思，看着女儿说："你有什么为难的心事，此时不便明说，过些时候再向娘说吧。"

帕马王子已经来到了。驿馆里辉煌的灯火是招待他的宴会。明天，跤场上该怎样对付他呢？艾吉阿姆的心里像是塞了一团羊毛，怎么也理不出个头绪来。

这时，身后传来轻轻的脚步声。侍女安哥把一件绸夹衣披在她的身上："夜深了，春寒袭人，郡主不想睡，就该多加件衣服。"

"是那个帕马王子来了吧？"艾吉阿姆的脸仍朝着窗外看着。

"是的。小王子察八儿已经到驿馆里去看过了。他回来说：一千匹马都是大宛纯种良马，王子人也长得很英俊，穿着极为华贵。"

一千匹良种马有什么了不起？她，艾吉阿姆帐下有上万匹良种马呢！英俊？只要有华美的衣服包装，能骑马执弓的小伙子，哪一个不英俊？我艾吉阿姆，缺少的是这些东西吗？她突然向安哥问道："安哥，你说说，我该嫁给帕马王子吗？"

"这是郡主的终身大事，奴婢不敢多嘴。郡主和奴婢都听过马头琴艺人说的《西厢记》，那里面说，男欢女爱，情投意合，才是一桩好姻缘。"安哥是艾吉阿姆的贴身侍女，深知她内心的秘密，但又不能正面地回答她。

早在忽必烈征服大理返回漠北时，就给宗室诸王各部下颁发了一道圣旨，蒙古各军的帐户，除了每年按时检阅"男子三项竞技"之外，还要学习蒙、汉文字，通晓蒙、汉族的历史，并陆续给各部藩王派来了能讲蒙、汉文字的儒林郎。派到海都王殿下的儒林郎是个二十多岁的青年耶律隆兴。耶律家族原是辽朝的宗室，在金朝灭了辽朝之后，耶律隆兴一家逃到了窝阔台的帐下为奴。多少年的南征北战，他们也立了一点战功。待到隆兴长大后，便当上了一个六品文职官的儒林郎。

在海都王府，隆兴是掌管上下往来的文书，早晚还兼任小王子察八儿、小郡主贴木伦的教师。教他们认识蒙、汉文字。艾吉阿姆早已过了求学认字的年龄，但是，有时也带着安哥随弟妹一起听耶律先生讲蒙古历史。她最爱听太祖铁木真带领几十个人的部落，东联西合、南征北战，建立起跨越天山、大漠的蒙古汗国的故事了。也喜欢听拔都爷爷率领几万铁骑西征，所向无敌的故事。她不断地提出一些好奇的问题，耶律先生都一一作了解答。艾吉阿姆第一次明白了，除了战场、赛场、跤场之外，世界上还有很多很多有趣的事情都记在书本上。她也偷偷的和弟妹们一起学习蒙、汉文字，对耶律先生产生了敬畏和爱慕之心。

　　难道这就是安哥所说的情投意合，爱慕之情。只要耶律先生带着一百匹马（不要一千匹）来求婚，只要耶律先生换上摔跤衣，站在跤场之上，她一定会心甘情愿地伏在地上认输。但是，明天在跤场上的不是耶律先生，而是帕马王子。

　　求婚的跤场没有设在演武厅上，而是设在王府的庭院之中。不过，这也阻止不了草原上蜂拥而来的观众。王府大门刚一打开就拥进了数千人。人们从帕马王子带来的庞大马队中，从驿馆隆重的宴会上，早已经明白这是一桩定能成功的婚事，是艾吉阿姆最后一场求婚摔跤赛。

　　待等到日升三竿，海都王和王妃率领众侍卫来到了大殿，跤场四周已经是里三层外三层围得水泄不通了。殿下的乐队奏起了迎宾曲，帕马王子在一群侍卫的拥簇下勉强挤进了跤场，连他那匹象征性的礼马也未能带入。帕马王子那魁梧的身材，一进跤场便引起四周观众的喝采。他脱掉插花锦帽，微弯上体，手屈胸前，向殿上行了个见面礼。转过身来举起双手向观众招手致意。这时，艾吉阿姆也在众婢女的拱卫之下走进了跤场。她没有浓妆艳饰，只是淡淡的薄施粉黛，恰恰显露出那副亭亭玉立、仪态自然的健壮身躯之美。她双手微合，屈膝下蹲，向跤场四周请了一个问安礼。庭院中霎时间欢呼起来："祝郡主好运！""愿郡

宋墓壁画《相扑图》

主吉祥！"

艾吉阿姆和帕马王子在跤场上施礼相见。帕马王子只听人说艾吉阿姆是个美丽的姑娘，因此，他才不远万里前来求婚。但他想，能骑马射箭、在跤场上胜过男子的少女，虽非怒目金刚之躯，也不会是婀娜多姿的身材。今日一见，她那矫健身姿似初上笼头的小马，轻盈如春日掠水的紫燕，不是广寒宫里降世的嫦娥，也定然是瑶池台中逃出的许飞琼，使他眼前一亮。这时，更坚定了他一定要娶郡主为妻的念头，一下子增长起了百倍的精神。

不知是四周观众早已知道这场求婚跤赛的结果，还是看到艾吉阿姆和帕马王子外貌似金童玉女般的相配，就在他们相见施礼的时候，观众不约而同地唱起了草原上新婚祝酒歌来。这一下子，艾吉阿姆可慌了心神。她想：难道我的婚姻大事真是已经上天注定？连我自己也作不了主吗？

等到比赛摔跤的鼓声响起，两人在场上走起了跤步，帕马王子首先上步抢把，双手抓肩，用反劲下绊子。那招式、那动作十分像她父亲的摔跤架势。艾吉阿姆从帕马王子拙笨的动作中明白了，这一定是昨天海都王亲自教给他的，父亲是多么希望这次婚姻能够成功呀。艾吉阿姆一想到这里，手脚就发软了，满脑子都装着理不清的乱麻，糊里湖涂地就被帕马王子摔倒在地上。等到四周响起了阵阵喝彩的声音，她方才清醒过来。

只见帕马王子兴奋得满脸通红，得意洋洋，连需要把对手拉起来的礼节也忘了。他高举起双手围着场子边跑边叫："我赢了，我赢了，我就可以做新郎了。"

看见帕马王子得意的样子，艾吉阿姆全身的热血一下子沸腾起来，暗暗恨道："这个薄情的纨绔儿，真是得意忘形。他把我当成了他赌桌上的财宝，可以赢来输走，真是高兴得太早了。"

等到跤场上恢复了平静，开始了第二跤、第三跤时，结果是大出海都王及四周观众的预料，美满的姻缘并没有成功。帕马王子两次被莫名其妙地摔了个仰面八叉，而且是摔得不轻。当侍卫们扶起他走出跤场的时候还是一瘸一拐，满脸露出沮丧之色。

跤场四周开始是一片沉寂，谁也没有想到会是这样的结果，但刹那间，却又爆发出了雷鸣般的欢呼声："我们的郡主胜利了，胜利了！在跤场之上，谁也赢不了我们的月亮女神。"

虽然海都王十分失望，这次跤场婚姻又没能成功。然而例行的家庭庆贺喜筵却依然是要进行的。只是桌面上沉闷多了，没有了海都王的豪爽大笑，也没有王妃的欢声笑语和察八儿、帖木伦的凑趣打闹。大家都枯坐着饮酒。这时侍女进来禀报说："儒林郎耶律隆兴求见"。·

海都王紧蹙着双眉道："他这时有什么紧要的事？叫他在书房里等候吧！"

王妃道："耶律先生是我们儿女的教师，又不是外人。他有事求见，一定是很重要的，就让他进来吧！"

耶律隆兴一身新装，天蓝色的六品文官服，貂皮帽，短皮靴，满面红光，精神焕发，双手捧着一对白璧走到了海都王的面前下跪道："下官斗胆，冒犯王爷。奉上白璧一双，略表下官洁白坚贞的心意，下官愿意娶艾吉阿姆郡主为妻。"

海都王听了，大惊失色："你说什么？你，你怎么能向郡主求婚？"

王妃道："俗话说，天山上的雪莲人人爱，草原上的骏马人人骑。咱们女儿是草原上的明珠，每个青年都有向她献上爱心的权利。"

海都王一时语塞。向美丽姑娘求爱，在她的帐前弹唱求爱歌，施放求爱的响箭，这是每个蒙古青年都有的权利。他虽然不满意耶律隆兴低下的身份，但是，拒绝求婚的话是说不出口的。

"我们不是早就宣布过了吗？ 凡是向艾吉阿姆求婚的人，都需要带一百匹良马来。"海都王终于找出了拒绝的理由。

察八儿突然从席位中站了起来说："耶律先生是我的教师，我早就想报答他，现在就把我帐下一百匹良马送给先生，作为求婚的聘礼。"

海都王只好点点头说："就算他有求婚的资格，可是我们还规定，一定要在跤场上赢了艾吉阿姆，才能算是求婚成功。他有这本领在跤场上与艾吉阿姆较量一番吗？"

耶律隆兴上前躬身施礼说："小臣虽是文弱不武，但是，甘愿陪郡主在跤场上走两跤，虽伤肢残体在所不辞。"

海都王再也没有推辞的理由了，只好说："那好吧！你们明天在殿前跤场上见。"

王妃道："耶律先生又不是外人，他的求婚摔跤，依我之见就不要向外张扬，无论是输是赢，只是咱们自家人知道就行了。"

此话正符合了海都王的心意，他不想让耶律求婚的事让更多的人知道。

海都王看着艾吉阿姆说："孩子，你的意下如何呢？"

艾吉阿姆头也不抬地点了两下。

海都王高兴了："好吧！就是在今天晚上，就在这大厅里。艾吉阿姆，耶律隆兴可是个文人，身子骨柔弱得很，你可不能像摔帕马那样摔他。那可是要摔坏我这支笔杆子的。"

耶律隆兴和艾吉阿姆都换好了跤衣，来到大厅。大厅的地上早已铺好了地毯，几十个侍卫、婢女环绕在四周。两人来到场子中间，向海都王施礼，又行了相见礼。耶律隆兴穿上了摔跤衣，虽不是十分的魁梧，却也是一扫文弱之气，显露出了男子汉的威武。他毕竟也是在蒙古军中长大的青年，胳膊腿活动起来倒也有个摔跤的架势。只见他三脚两手，就像拨灯草似地把艾吉阿姆一连摔了两跤，连海都王那样的跤场老手也没有看清楚他究竟使的是什么样的招数。

正在海都王目瞪口呆之时，艾吉阿姆早已爬起身来娇羞地跑到殿后去了。王妃和察八儿都哈哈大笑，耶律隆兴拜伏在海都王的身前："小婿拜见岳父大人。"

至此，海都王方才明白，这一切都是早已经安排好的圈套。自己是被蒙在鼓里了。

"你们瞒得我好苦。早知如此，我又何必多操这份心呢？"

王妃道："就是因为你操心操得太多了，才逼着他们只有这么办。依我之见，他们的婚姻就算是合适的了，门第身份有什么关系！何况，这也是会变的。我们三代以上的祖先都是平民。耶律隆兴三代以前可都是贵族。世事难料，这种身份今后还是会变的。只要他们俩情投意合，我们做父母的也就心满意足了。"

海都王叹了口气，把跪在身前的耶律隆兴拉了起来："我并不反对你们的婚姻，只是处在现在的环境，逼着我要到处寻求更牢固的支柱。有时，对自己儿女婚姻的真正幸福也难以顾全了。现在，木已成舟，你就多帮助我图谋一条安稳的立身之道吧！"

跤场择婿的故事到此更告一段落。

耶律隆兴既然做了海都王的额驸，便尽心尽力地替海都王管好封地，牛羊肥壮，财源茂盛。后来阿八哈死了，他的儿子阿鲁浑为了边界之争和海都王又挑起了一场战争，多亏耶律隆兴带了大量珠宝到京城去打点，才免去了大汗的罪责，让海都王能够平安度过晚年。

本文系根据《马可波罗游记·第四章》："国王海都有一女，名叫艾吉阿姆。鞑靼语的意思就是明月。这个姑娘十分矫健，中国没有一个青年能够打败她，而她却战胜过她的一切对手。她的父亲希望她出嫁，她说；除非遇到一个有本事能胜她的贵人，否则，她永远不嫁人。于是，海都王便宣布艾吉阿姆以摔跤择婿。经历数年，婚事无成，因为没有一个青年能胜过艾吉阿姆的。1280年，有一位年青漂亮的王子，带来了一千匹健壮的马，宣布他要与公主比赛摔跤。海都王与王妃都非常高兴，他们希望这一次婚姻能够成功，海都王私下告诉女儿，可以手下留情，成就这次婚姻。但，艾吉阿姆说：任何理由也不可以使她这样做。结果，这次比赛又是公主得胜了，年轻的王子被摔倒在宫殿的通道上。整个宫殿上的人，没有一个不为他的失败而感到惋惜。"编写成为故事。

（原载《体育文史》1993年第5期）

【附】

蹴 鞠 小 子

谢 飞 编撰

一、要当兵，练蹴鞠

汉景帝中元六年（前144），长安城的大街上，一群孩子围着个稍大的孩子起哄。这稍大的孩子手里拿着个实心皮球对大家说："这个叫鞠，是用脚踢着玩的，是一个校尉大人送给我的。他说，这是三千年前黄帝创造作为练兵用的，玩这个游戏能强身健体、锻炼意志。要想当兵就要练习蹴鞠。"

"练蹴鞠，能当兵。这太好了！我爹爹天天对我说快快长大。长大了去当兵，保家卫国。'一个孩子高兴地说。

"谁不想当兵，当兵就可以免去家里的赋税劳役。我哥去年应征检验没有合格。我爹天天骂他不争气。"另一个孩子接着说。

"阿处，你快给我们说说，怎么玩法！我们一起练，一起去当兵。"

那个叫阿处的孩子姓项，叫项处。他把举起的鞠放在地上说："我们分成两队，争着踢这个鞠。哪队争抢到鞠，将鞠踢进鞠室就可以得一筹。"

"好！我们就来踢。"几个性急的孩子就要举足踢鞠。

165

"鞠室在那里呢？"

项处指着广场的一端说："在那一头有六个鞠室，是红队的，由蓝队来进攻；这一端也有六个鞠室，是蓝队的，由红队进攻。"

"为什么是六个呢？"一个孩子奇怪地问。

项处指着天地说："上有天，下有地。"又指着左右前后说："这四面是东西南北，加起来不就是六面了吗？我们人就是处在这六面之中。六是自然界最大的数字。一边有六个鞠室，两边十二个，是一年的十二个月；参加蹴鞠的人一队是十二个，两队是二十四个人，与一年的二十四节气相合。鞠是圆的，鞠场是方的；圆的像天，方的是地。这正符合阴阳之道。"

"好一个阴阳之道！比喻得在理。两队相争是矛盾的对立。矛盾双方阴阳互变，就可以千变万化。这个游戏真有趣味。"说这话的是一个老者。

这群孩子都在全神贯注地听项处说蹴鞠，不知什么时候辕固老师来到了他们身旁。他们一时不知所措，都恭恭敬敬的垂手站立，齐声说："辕固老师好！"

"你们好！这个游戏很好，能强身健体，练好身体去当兵。有文事就要有武备，当今国家初建，边患不断，需要大批的青年当兵去保卫国土。皇上已发出"安得猛士守四方"的号召。你们有志当兵，是好事。"

这群孩子都急着要蹴鞠，只有一个孩子皱着眉头说："我没有你们力量大，抢鞠，被你们打倒，那该怎么办？"

项处说："蹴鞠争抢就是要比拼力量。双方可以挤、推、摔，就是不能用手打，用脚踢。你力量小，可以利用灵活快跑来躲过别人的推挤。"

"他要是打我，该咋办？"

项处说："那是违反规则的。场上有监察和副监察，可以依照规则来进行处罚。"

"谁来做监察呢？"

"我来做你们两队的场上监察！"辕固老师拿起了一根执法棒，走上了赛场。

一场孩子们的蹴鞠竞赛在大街上热热闹闹地"开战"了。

二、蹴鞠竞赛是强强对话

平定吴楚之乱后，周亚夫被提升为车骑将军。但是，因为马匹不足，他这支车骑部队有一半人还是步兵。也因为有一半人是步兵，使他这支朝廷机动部队的机动性非常差，对付入侵的匈奴骑兵，只能跟在他们的后面转悠，始终找不到作战的机会。周亚夫和几个校尉商议，如何提高士兵行军的速度，校尉们都说：最好的办法是在部队里开展蹴鞠竞赛。这使他想起了三年前路过长安城一条大街时看到的情景。

因为军情紧急，他当时正乘坐单车飞奔上前线，经过一条大街时车速突然减慢下来。只听得乒的一声，马蹄子碰到了什么。马因此惊得跳了起来。驭手慌忙勒住了马头。周亚夫探头一看，是一只鞠滚到了马蹄前。一个十四五岁的孩子，汗流满面，惶恐不安的站在车旁，拱手谢罪说："对不起，大人，我们的鞠踢上了你的马蹄。"

周亚夫看见是一个孩子，一腔怒火消去了许多，便问道："你们不在塾里读书，到街上胡闹些什么？你可知道，这会耽误我的军机大事的。"

那孩子脸上毫无一点怯惧之色，从从容容地回答道："大人，我们正是准备应征入伍，助大人一臂之力，平定叛乱，才练习蹴鞠，强壮身体的。"

周亚夫听了仰天大笑道："要等你们来当兵打仗，这天下早就乱套了。不过，你们有志向当兵，这想法还是很好的。可现在，你们还只是些小孩子。"

"我们虽是小孩子，但我们有胆量和成年人一道比赛。"

"你要知道，蹴鞠竞赛是强者对强者的较量。竞赛场上别人是不会把你们当孩子来对待。你们必须努力自强，把自己练得棒棒的。只有在赛场上赢了士兵，才有当兵的资格。"

"大人的话，我们一定会记住的。"

周亚夫的马车已经驰走了，才想起来忘了问那孩子叫什么名字，忙从车后窗探出头来大声问道："你叫什么名字？"车后传来了浑厚的一声："我叫项处。"

三年后的今天，周亚夫决定去看看那帮蹴鞠小子。他想：要是能和这帮小子比赛一场蹴鞠，一定可以推动军中的蹴鞠练习。

周亚夫特地带了几个校尉来到当年走过的那条大街。那群小子已经不在大街上蹴鞠了。蹴鞠移到附近的一个广场上，也有了简单的鞠室。二十几个已经是大小伙子的人正在场上拼争蹴鞠。周亚夫静静地站在一旁观看。只见其中一个黑乎乎的小伙很像当年看到的项处。他在场上前后奔跑，突然截到了鞠，一路带鞠狂奔。几个前来阻挡的对手不是被他撞倒，就是被他甩开。他一直闯到鞠室前将鞠踢入。周亚夫自言自语道："看来，这小子一定是项处了。"

这群孩子看见有几个军官模样的人在一旁观看，便停下了鞠赛，围了上来。那个黑脸小伙子拱手问道："大人，是不是想和我们比赛一场蹴鞠？"

"是的。"周亚夫说；"你们这里谁是头？"

"是阿处！"大家指着那个黑脸小伙说。

项处说："大人，我们似曾见过面。"

校尉齐声说道："他是我们的车骑将军，周亚夫。"

一群蹴鞠小子齐声惊讶道："就是那位打败了吴楚叛军的周将军！"

"正是。三年前就是在前面大街上，我看过你们蹴鞠。那时你们还都是孩子，现在都成了大小伙了。项处你还记得我和你说过的话吗？"

"记得。蹴鞠是强者的竞赛，只有赢得了士兵，才有当兵的资格。这三年，我们跟许多队比赛过蹴鞠，还就没有和军人比赛过呢。"

"今天，我就是代表军人，来约请你们去军中比赛。下一个休沐日，在皇城的军营里，你们和车骑军的蹴鞠队举行一场比赛。如果你们能赢，我就呈请太尉，把你们全部征召入伍。"

听到这个消息，这群蹴鞠小子齐声欢呼起来。

"你们都是塾里的学生吗？是哪个义塾里的？"

"我们大都是辕固先生义塾的学生。也有几个是街上的朋友。"

周亚夫知道，辕固先生是长安城有名的大儒，亲切地对这群小子们说："回到塾里，请代我向你们先生问好！"

三、人与兽斗

蹴鞠小子与车骑兵的蹴鞠比赛竟然未能如期举行，原因是比赛的前一天辕固先生接到了圣旨，要入皇宫面见皇上。谁知，他入宫后，到了晚上还不见回来。塾里的学生如热锅上的蚂蚁，不知如何是好。

原来那天，辕固先生入宫后被汉景帝问及治国之道。辕固先生回答说："高文两代圣君，在天下遭到暴秦虐民之后，采取休养生息、无为而治的政策，这是对的。当今天下已经恢复了元气，社会发展前进，人民渴望有更好的生活，竞争纷起。边塞地方外族不断入侵抢掠，内忧外患接踵而来。此时的政策不能再无为而治，应该随时而变，采取外儒内法的策略。儒家思想以正人心，法家严刑以禁邪恶，方能使生民安定，天下太平。"

汉景帝很赞赏辕固先生的建议，但此时的朝政有一半是掌握在皇帝母后窦太后的手中，汉景帝决定次日带辕固先生去见窦太后。故而当晚辕固先生就留宿在建章宫内。

谁知道，一听到辕固先生的外儒内法政见，窦太后就翻了脸。她怒气冲冲地说："汉家自从建国以来，就是以清静无为作为治理国家的根本政策，谁要听你们儒家的胡说八道！"

辕固先生见窦太后翻了脸，也有点着急，便不择话语地说道："老庄的话才是胡说八道呢！哪有一个国家的居民可以邻里相望、鸡犬之声相闻，而老死不相往来呢？"

窦太后听了勃然大怒说："既然你们儒家有治世之道，现在匈奴侵我边疆，任命你到边城去做一城之主，把那里治理得太平无事。"

汉景帝见太后发怒，忙站起身来回禀说："治理边城，非辕固先生一人之力。"

窦太后怒气未消，说："人，他治理不好，兽，一定是可以管理好的。就让他到兽圈里去管管野猪吧！"

当时，有一条不成文的法律，凡是有犯上罪行的人都被判到兽圈里去与兽斗。斗得赢便可以生存，赦免其罪；斗不赢就死在兽圈里。辕固先生明显是有顶撞太后的言行，汉景帝也无可奈何，只好命令内侍，给辕固先生一把利剑，并送他到兽圈里去了。

听说辕固先生要被送入兽圈与兽斗，全体学生都惊呼起来："先生，怎么能斗得赢野兽呢？"

辕固先生没有输，他回来了。当他看到学生们一个个惊异担忧的眼神，笑着说："你们看，我这不是好好的吗？人到了绝处，只要横下心来，便什么都不怕了。我想起你们的蹴鞠比赛来，一个小子敢不要命的向前冲，别人都要畏惧他三分。我在野兽面前也不能显出怯懦之志。你们知道这几年我跟你们一块儿跑跳蹴鞠，身体壮实多了，胆气也旺盛了。我鼓起勇气，拿起剑冲向野猪。谁知那东西也是怕人的，见我冲了过去，向我瞅了瞅，扭回头就跑。我赶了上去，一剑戳穿了它的内脏。它挣扎了一阵子就气绝了。等到内侍们把我拉出兽圈，我才感到浑身上下软绵绵的，一点力量也没有了。身上有几处被野猪咬伤的地方。"

一群蹴鞠小子大声的叫着、喊着、跳着，拥着辕固先生向义塾跑去。

四、周亚夫冤狱

汉景帝后元三年（前141），有人上书告密说周亚夫儿子家藏有兵器，图谋不轨。景帝下诏，把周亚夫关进了监狱。蹴鞠小子与车骑兵的蹴鞠比赛无法进行，只好作罢了。

周亚夫的冤狱虽是因为他儿子买了几件兵器预备作为冥器而引起的，但是，其重要原因，却是在三年前与吴楚叛军作战时埋下的。吴王刘濞与楚王刘戊起兵造反。两军在徐州会合后向西进攻。梁王刘武的都城睢阳首当其冲。刘武仓皇集合城中兵民守城。然而叛军人众，几次险些破城。梁王忙派遣使者向京城告急。刘武是窦太后最喜爱的小儿子，听说他的都城危急，窦太后连忙叫汉景帝派兵救援。景帝任命周亚夫为中尉，征调关东各地的后备兵，乘车东进。一路前进，一路整训征集来的新兵。到了距离睢阳不过百里之遥的荥阳，他已经有了十几万的大兵。可是，周亚夫却屯兵在那里住了下来，不再前进。这时，睢阳城已岌岌可危，日夜都在盼望救兵。梁王刘武急得寝食不安。一个多月后，周亚夫方才派了一支精锐部队断绝了吴楚军的粮道，迫使吴楚军溃退。睢阳城得救了。

虽然，这次战争梁王有惊无险，最后还获得了胜利，但是，为了周亚夫未能及时解救睢阳城之危，刘武恨之入骨。他多次在窦太后和景帝面前说周亚夫的坏话。告周亚夫拥兵自重，有不臣之心。窦太后和汉景帝原来就对周亚夫没有好印象，于是就把周亚夫关进了监狱。

听说车骑将军被关进了监狱，项处和几个蹴鞠小子决定去看望他；有一个蹴鞠小子的父亲是狱吏。因而他们很顺利地便见到了狱里的周亚夫。

周亚夫比一个月前见到的样子憔悴了许多。他见到这群蹴鞠小子，十分感动。当他得知他们是通过狱吏的关系进来的，不禁感叹道："我在外面曾经指挥过十几万大军，到了监狱才知道，狱吏的权力这么巨大。什么将军、太尉都不在他们的眼里。"

几个蹴鞠小子听了周亚夫讲述自己的冤狱缘由后，就奇怪的问道："将军，既然你得到的命令是率兵救援梁王，为什么，集结起军队到了荥阳就不走了呢？"

周亚夫叹口气说："这是我多年藏在心底的秘密，现在就给你们说说吧！你们知道我在荥阳集结起的十万兵，都是初次应征入伍的新兵，没有作战的经验。加上前几年天下太平无事，政府采取休养生息政策，许多人没有入伍的准备，身体都十分细弱。我命令这样的军队去和强敌作战，无异于驱赶一群绵羊向虎狼口里送死。我能这样做吗？这是一个方面，另一方面我也是从战略上考虑。我带兵去救睢阳，吴楚军以逸待劳，在睢阳城下决战，显然正是他们所期望的。我现在想，如果当时的朝廷就有过命令，全国的后备兵都要开展蹴鞠训练，像你们一样，身体都练得棒棒的，又懂得怎样团结一致，服从指挥；征集之后，立即就可以上战场冲杀；与吴楚军队作战就不会耽搁这么久了，也不会得罪梁王。我现在自然也不会蹲监狱了。这些后悔话说了也没用。我之所以要告诉你们，是想让你们知道，你们小子蹴鞠的路是走对了。要想当兵报效国家，就要从小锻炼身体。将来在预备兵中是要广泛开展蹴鞠的。"

自从蹴鞠小子们离开周亚夫不到十天，就听说周将军在狱中自杀身亡了。

五、最后一场球赛

又过了两年，老皇帝汉景帝驾崩。新皇帝汉武帝即位。这时项处已经二十岁了，再过两年如果还不能当兵，就要进入后备兵名册，永远不能成为正规军人了。因为按照汉代的征兵制度，凡是年满二十二岁而未能入伍成为正兵的，都将被编入后备兵名册。

就在这时，蹴鞠小子中来了一个新人叫霍去病，十二岁，个头虽小，可浑身都是力量。他能跑、能跳、能冲撞，是个蹴鞠高手的料。项处叫他蹴鞠小小子，意思是蹴鞠小子中的小子。

霍去病加入蹴鞠小子后，队里的战斗力更强了。长安城许多蹴鞠队都败在了他们的脚下。唯一令项处感到遗憾的是未能与军中的蹴鞠队一较高低。

这一天，霍去病高高兴兴地跑来说，他的舅舅当上了羽林军的期门。他舅舅也很喜欢蹴鞠。羽林军的蹴鞠队可以与蹴鞠小子比赛一场。听说了这件事，项处高兴得跳了起来。他忙着去联系比赛时间、地点，通知所有的蹴鞠小子按时到比赛现场。

就在项处做完这些事情回到家中时，感到了腹中一阵疼痛，而且愈来愈痛。他父亲急忙带他到长安城最有名的医生处去诊治；医生把诊过脉，问了病情，判定病状是牡疝，就是内脏生了肿块。项处的父亲忙问道："这病有没有危险？"

医生说："人体内长了坏东西，还能好得了吗？不过，我这付药下去能暂时止住疼痛，日后要休养一阵子，不可再做劳累之事了。身体过分疲劳，肿块就会破裂出血。那时谁也无法挽救了。"

一付药吃下去，肚子疼痛果然止住了。第二天，项处又像没事人一样，跑去张罗蹴鞠小子比赛的事。肚子疼痛的事他谁也没有告诉。

转眼到了比赛的那一天，蹴鞠小子全体队员来到了羽林军的驻地，一看到他们的蹴鞠场全体小子们都惊呼起来。这是一个端端正正的小"城"。进得"城"去，正面是一座有九尺来高的检阅台，即皇帝阅兵的地方；左边有九级台阶，是大臣们观览的位置；右边有个坡道，是皇帝上台时辇车的通路。两边的六个鞠室外壁上都砌成翘角形状，像是一座座小的殿堂，富丽庄重。场地内都是用黄土铺垫，平坦舒适，跑起来顺脚，跌倒了不疼。从这个蹴鞠城的建设上可以看出，皇帝对蹴鞠是重视的。

霍去病的舅舅卫青不过二十来岁。人长得高大雄壮，威风凛凛。一身羽林军官的官服，让人看了敬佩、羡慕。

两队开始了比赛。项处起初有点犹豫不决，是上场比赛呢？还是在场下休息，当他看到卫青当军官的威风样子，想着自己将来也能像他一样的时候，犹豫的心态霎时间烟消云散。

两队激烈的比赛很快就见了分晓，羽林军蹴鞠队员个个身强力壮，能跑能抢，蹴鞠小子哪里是他们的对手？经过一个多时辰的拼搏，最后以１２比８，输了比赛。蹴鞠小子输得口服心服。就在他们将要走出鞠场的时候，项处的腹内一阵剧痛，鲜血从口内不断涌出，摔倒在地。蹴鞠小子们立时围了上来，询问究竟。项处说出了自己已经得了牡疝症，吐血是肿块破裂的结果，现在已经无法挽救了。他断断续续最后说出了几句话：我并不懊悔这场比赛，唯一感到遗憾的是不能赢了他们，做一个够格的正兵。

六、 皇宫内的侍中

又过了四年，霍去病的舅舅卫青当上了将军。小姨娘卫子夫当上了皇后，霍去病被召到皇宫里去当了皇帝的内侍，官职叫侍中。

十六岁的霍去病在家里游荡惯了，当侍中对他来说很不习惯，要守皇家的许多规矩，不能乱说、乱动、乱跑，只能守在皇帝的身边听候差遣；唯一使他感到兴趣的是能和羽林军的军人进行蹴鞠比赛，能看到许多外面永远也看不到的娱乐表演。汉武帝是个有作为的皇帝。他即位后便任用年轻将领率兵进攻匈奴，并派遣使者联络西域各国断绝匈奴后方。为了在长安城招待西域来的使者，他创设了角抵百戏。教坊里有许多知名的艺人表演绝活。霍去病的妈妈是平阳公主府里的歌舞伎。他从小看惯了音乐歌舞表演，但是，从来没有看过这么精彩的杂技、幻术表演。其中，有各种倒立、走索，鱼跃钻圈，竿上技艺，鱼龙曼衍，戏车杂耍。最让霍去病留恋的还是蹴鞠表演。霍去病原来只知道蹴鞠就是争抢、踢进鞠室，不知道蹴鞠还能配上音乐，按着节拍，翩翩起舞。那鞠随着表演者的脚腾起落下，弄出许多技巧，表现出女子身体姿态的美。尤其使他不能忘怀的是，表演蹴鞠的那个女子黄桂儿，身体是那么样的灵巧，脚腿是如此敏捷，鞠的起落就像是粘在身上一般，姿态轻松自如。

随着霍去病经常到教坊里去传达圣旨，他和黄桂花见面的机会多了，也能和黄桂儿交谈上几句，知道她今年才十五岁，是个孤女，从小是跟舅舅长大的。舅舅是教坊里的艺人。她长大了也就在教坊里学艺，当了蹴鞠艺人。两人的境遇相同，对童年所受的辛苦亦有同感，共同语言也就多了起来。不过，现在霍去病比她幸运多了，舅舅、姨妈都进入到上层社会。他能在皇宫里当上侍中，和皇帝也能说上话了。

春去秋来，一年又过了。汉武帝渐渐对霍去病了解，看到这个小青年是块当兵的好料子。他身强力壮，敢作敢为，在蹴鞠场上奋勇争先毫无畏惧，和同伴相处亲爱无间情同手足。同时，汉武帝认为，在边寨上呆久了的军官缺乏敢于创新的冲劲，墨守成规。他们驻守边寨等待匈奴来犯，然后聚集兵力。，这样的战法只能把敌人打跑，永远也无法把敌人消灭。于是武帝起用卫青任边寨的将军，想改变这种状况。起初还有成效，时间久了，卫青也保守起来。必须改变现状，再派年轻人去边寨，增加新鲜血液。汉武帝在含章殿召见了霍去病："朕想派你去边寨的军中效力，当剽姚校尉，你意如何？"

听说要派他去边寨，霍去病大喜过望，急忙向上叩头谢恩："为了保卫国家安全，臣愿肝脑涂地。"

"你还有什么要求吗？"

"望陛下准许臣召十几个亲兵，一起去边寨。"

"是你们那批蹴鞠小子？"

"是的。他们早就渴望能当一名正兵了。"

"好，为了使你们早日立功，朕批准你们从御马厩里每人骑一匹大宛种的汗血马。"

几天后，霍去病就和他的蹴鞠小子们，骑着汗血马赶赴边寨定襄郡城去了。

七、初战立功

从报到的那天起，大将军卫青就拨了八百名精壮骑兵由霍去病率领，并派了自己的亲信公孙贺为都尉，协助霍去病训练部队。霍去病日夜与八百骑士共寝食、共生活、共同练习骑射、白刃格斗、蹴鞠竞赛；空余时间就跑到草原上去拜访牧民，和他们谈天气、谈收成、谈草原的湖泊，也谈匈奴人的生活习惯。这样过了七八个月，已是秋高气爽、羊肥马壮的时候，霍去病召集了他的十几个蹴鞠小子和八百勇士，在广场上摆下了八百碗酒和八百盘肉，对大家说："我们离乡背井，到边塞来保家卫国，就是要杀敌立功，荣归故里。我们总是呆在这边塞城里等匈奴来犯，是很难有机会的。现在匈奴已经调集兵马，准备入侵我边城。他们能进攻我们，我们也能进攻他们。今天我们就出发，越过草原，攻打祁连山前的匈奴部落！愿意跟随我去进攻的就喝下面前的酒，吃完盘中的肉，带足三天的口粮，上马出发。"

听这个年轻校尉的口气，部队是要深入到匈奴人的后方去。究竟有多远不知道，怎么没听大将军发布命令呢？大家正在犹豫之际，公孙贺站了起来说："校尉大人的军事布置是在征求大家的意见。究竟怎样行动还要等大将军的命令。"

霍去病斩钉截铁地说："不！这已经是决定了的事。大将军交付我兵权的时候，就已经遵从皇上的旨意，指挥作战可以由我做主。"

"我们只是一支小部队，没有大部队的支援，怎么能到敌后去进攻呢？你这次行动应该报请大将军批准。"

"就请你去报请大将军的发令吧！只要大家同意，我们现在就出发。弟兄们，就要到口的肥肉，到手的富贵，你们愿意不愿意去拿？"

"愿意！"广场上响起了海啸般的欢呼声。

公孙贺急忙赶到大将军幕府报告了霍去病的军事行动计划。卫青叹了口气说："他来的时候交给我一道皇帝的圣旨，说他的部队由他个人指挥作战，我不得干涉。就是因为这个原因，我才派你去帮助他了解边塞军队作战的危险性，安全是第一位的。谁知这小子初生牛犊不怕虎，还是自说自话地硬上蛮干。现在只好派你再带一支部队随后紧跟，必要的时候支援他一下。"

等到公孙贺带兵赶来时，霍去病和他的八百骑士早已远出塞外，奔向草原了。

祁连山是匈奴休屠王的住地，一直没有汉兵来过。毫无准备的匈奴大本营，青壮年主力都随军队入侵汉朝的边地去了。剩下少数老弱防守士兵，经不起霍去病勇士们的冲击，东逃西散。这一战，杀死单于的大父和相国数人，俘获二千零二十八头生口，牛羊牲畜无数，可以说汉军是毫无损伤地大获全胜。

这是汉朝自从发生边塞战争以来的第一次反击战，第一个打进到匈奴后方的战役。胜利的意义是不可估量的。捷报传到长安城，汉武帝大喜，传旨嘉奖全体将士，封霍去病为冠军侯，即日赴京晋见。

八、堂邑公主府的宴会

香榭里大街是长安城里贵族居住的地方。自从卫子夫当上了皇后，霍去病的母亲卫少儿改嫁给詹事陈掌之后就迁居于此地。听说儿子封了冠军侯，到京城朝见皇帝，卫少儿大喜过望，吩咐下人张灯结彩，布置宅院，迎接儿子荣耀归来。

母子只不过一年没有见面就发生了天大的变化。这喜事比起哥哥当了大将军，妹妹当上皇后还要喜庆。长安城里的王侯有成百上千，有谁能比得上俺家的去病。他只有十八岁，就因战功封了侯爵，今后的前途，更是无可限量。自从霍去病立功封侯消息传到了长安城，香榭里大街一时炸开了锅。她的府第门前来贺喜者川流不息。特别是皇帝的姑母堂邑公主派人送来了请帖说：要在去病回来的那天晚上，于公主府中举行宴会庆贺。公主的使者还暗暗放出口风：大长公主有意将自己的小女儿阿凤嫁给冠军侯。听了这个消息，卫少儿心中有说不出的喜欢。堂邑公主是皇帝的姑妈，也是皇帝的岳母；当年老皇帝立太子时，堂邑公主是出了力的。皇上曾有"金屋藏阿娇"的金口玉言。新皇帝即位后，兑现此言，立堂邑公主的女儿阿娇为皇后。谁知阿娇的肚子不争气，当了皇后五年没有动静，她的妹妹卫子夫进宫一年便生了儿子。于是，皇帝废了阿娇另立卫子夫为皇后。为了这件事，堂邑公主与卫家结下了怨恨，多年没有来往。卫青当了大将军后，两家怨气略消了些。现在，霍去病封侯了，堂邑公主又主动上门和解，这真是好事连绵不断。

霍去病到家，母子见面格外亲热。他们说到塞上的生活，说到战斗胜利，也说到堂邑公主家开宴会有嫁女的想法。卫少儿拍着巴掌笑着说："她们家是找上门来提亲的，这样的好事那里去找。"

霍去病却不以为然，轻声轻语的说："只怕我们两家不相配。我配不上人家？"

"配不上？我们家有皇后、有大将军，也算是皇亲国戚，哪里比她们差！"

"是我配不上人家的娇小姐！"

"你怎么啦！年纪轻轻就当上了冠军侯。前途未可限量！打着灯笼满长安城里也找不到第二个人来！"

霍去病欲言又止。他不愿意第一天见面就惹母亲不高兴，心里的话停住不说了。

那天晚上在香榭里大街，馆陶公主府上是灯火辉煌，人流不息。

长安城里有头有脸的上层人物都到场了。宴席的第一桌是霍去病，陪客的是堂邑公主的丈夫陈午和她的女儿阿凤。这样的安排显然是有意的，来客都一目了然。霍去病坐在客位席上如芒刺在背，一刻也不安心。他一会儿走下席去与老朋友打招呼，一会儿又借口如厕，出来坐下，始终没有与陪客的多说一句话。此情此景，在场的人们也都看出了八九成奥妙。霍去病是不满这桩亲事的。

宴会开始，馆陶公主致了欢迎词，按理，应该霍去病致答词，说几句客气话。谁知霍去病站起身来说了句实在不该说的话："这次打仗全亏营里的兄弟。这样的宴会应该请他们来参加。"

全场宾客听了霍去病的话都明白他的话外之音。他没有兴趣参加这次宴会。他是不该来的。客厅里一片寂静。堂邑公主的脸由红变青，恶狠狠地冲着仆从拍了拍手。只听仆从大声呼唤："传教坊蹴鞠伎黄桂儿进厅献艺。"

原来馆陶公主早就打听到霍去病过去，和教坊蹴鞠伎黄桂儿有私情。为了制止霍去病到府中来可能会有意外的事情，她命令教坊在宴会的演出名单中一定要列入黄桂儿的名字，就是要让黄桂儿当众演伎来煞住霍去病的威风。

当黄桂儿走上客厅的大门时，霍去病离开了坐席，大踏步地走出馆陶公主府的大门。

九、魂归祁连山

返回军中，霍去病已由剽姚校尉升为骠骑将军。部下兵马增至上万人。霍去病重新调整部队。剽姚校尉的八百勇士都成为军中的骨干。全军进行严格的训练。

对于霍去病的训练方法，大将军幕府中的人议论纷纷，有许多不同的看法："对匈奴族作战主要是骑兵部队。骑兵的训练只要有骑术、射箭、砍杀术就可以了，为什么还去练习蹴鞠，那是步兵的训练项目。"

公孙贺是跟随霍去病部队战斗过的人。他对霍去病的训练方法深有体会。他告诉大将军卫青说："骑兵的训练虽然是要偏重于骑术、射箭和砍杀，但兵士的身体也不可不注意。何况骑兵长时间骑马（因为此时骑兵装备还没有马镫）会使腿脚不灵活。蹴鞠可以调节腿部血液流通，促进兵士身强力壮。蹴鞠还可以培养兵士奋勇前进、拼搏向前的朝气。我跟兵士们一道打的祁连山一战，亲眼目睹了兵士的英勇表现。"

卫青又亲身到霍去病的军中视察，见改组训练后的汉军部队果然身体强壮，精神面貌焕然一新。特别是有了蹴鞠娱乐消遣，将士们思乡的情绪减少了许多。卫青回到幕府，立即下令在全军开展蹴鞠活动，军队中都是年青人，谁人不喜欢踢球游戏呢！再说，骠骑将军就是从蹴鞠小子中踢出来的。保不准，蹴鞠还会踢出第二个将军来呢。边塞城上到处都是蹴鞠的欢呼声、叫闹声，一改往日冷冷清清的荒凉面貌。

汉军身体健壮了，进攻意识增加了，兵力增强了，五年之间向匈奴发动了数次反击，每次都获得胜利。这迫使匈奴军不敢轻易再向汉军的边塞侵扰。两军开始处于相持阶段。又过了半年，霍去病派人侦察到，匈奴的大单于把王廷迁移到弓卢河以北的焉支山下。这无疑是乘机聚歼的最好机会。他和大将军卫青密商两军协同作战后，便率部由陇西出发；大将军的军队则由定襄出发，共同袭击匈奴的王庭。

霍去病的军队穿过草原进入漠北，很快就抵达了焉支山下。这时，侦察兵报告，卫青的军队却落后一步还未到达指定地点。是按兵不动呢？还是虚张声势？霍去病决定全军就地宿营，开展蹴鞠比赛。公孙贺接到命令后急忙跑来，"你这样做，不是给敌人通风报信说我们来了，叫他们预作准备吗？"

霍去病笑道："我们跑了几千里地长途奔袭，现在不能立即进攻，你还想瞒住对方吗？现在就只能迷惑敌人，让他们摸不准我们来了多少人，真正的目的是什么。"

焉支山下突然扎下了许多营寨。汉人的军队并未作出进攻的样子，而是玩起了蹴鞠游戏。匈奴单于一时不知如何应对？就在他犹豫不决的时候，卫青的军队从东面发起了冲击。霍去病的军队停止了蹴鞠从西面阻击。两面夹攻，单于不能抵挡，只能向北败退。这一战，俘获匈奴休屠王以下八千余口，获得匈奴人祭天金人。匈奴军的元气大伤，从此，再也无力入侵汉朝边寨了。

霍去病率军返回陇西郡。皇帝颁奖的圣旨随即到来：冠军侯益封二千户，骠骑将军职位与大将军等同。随军北征的军官封侯者十余人，其余官兵多有封赏。

就在全军庆贺胜利之时，霍去病却因劳累过度病倒在床。霍去病封侯的时候汉武帝要在长安城为他建造府第。霍去病拒绝建造侯府。他说："匈奴未灭，何以为家！"现在一病不起，临终遗言："祁连山是我初战胜利的地方。我死后就让我的灵魂和祁连山相伴。"

汉武帝和全体官兵不忍心让霍去病一人与祁连山相伴，在长安城茂陵旁边为霍去病建造了坟墓。墓前筑了一个高高的祁连山，让这个蹴鞠小子永远和它相伴。